FILOSOFÍA
para
TODOS LOS DÍAS

TANIA SÁNCHEZ

FILOSOFÍA para TODOS LOS DÍAS

UNA AVENTURA INTERIOR EN 70 PREGUNTAS

Ariel

Obra editada en colaboración con Editorial Planeta – España

Título original: *Philosophie de la vie quotidienne*

Bajo el sello editorial ARIEL M.R.
Avenida Presidente Masarik núm. 111,
Piso 2, Polanco V Sección, Miguel Hidalgo
C.P. 11560, Ciudad de México
www.planetadelibros.com.mx
www.paidos.com.mx

Primera edición impresa en España: marzo de 2025
ISBN: 978-84-670-7614-1

Primera edición impresa en México: julio de 2025
ISBN: 978-607-639-028-3

Impreso en los talleres de Impregráfica Digital, S.A. de C.V.
Av. Coyoacán 100-D, Valle Norte, Benito Juárez
Ciudad De Mexico, C.P. 03103
Impreso en México - *Printed in Mexico*

> Cuando se mira en torno, siempre se topa con hombres que toda su vida han comido huevos sin advertir que los alargados son los más sabrosos, que no saben que una tormenta beneficia al vientre, que los perfumes huelen más intensamente con aire frío y claro, que nuestro sentido del gusto no es el mismo en distintas partes de la boca, que todas las comidas en que se habla bien o se oyen cosas buenas redundan en perjuicio del estómago. Por más que no satisfagan estos ejemplos sobre la falta de sentido de la observación, tanto más puede confesarse que las *cosas más próximas de todas* son muy mal vistas, muy rara vez examinadas, por la mayoría. ¿Y es esto indiferente?

FRIEDRICH NIETZSCHE, *EL CAMINANTE Y SU SOMBRA*, 1879 

ÍNDICE

INTRODUCCIÓN

¿Alguna vez te han aconsejado que «no pienses en nada» cuando te es imposible dormir? ¿Te has preguntado si has tenido éxito en la vida? ¿Estás convencido de que solo lo que es útil tiene valor?

Nuestra visión del mundo está estructurada por pensamientos construidos *a priori*. ¿Ahora bien, quién ha conseguido conciliar el sueño «sin pensar en nada»? ¿Crees que alguna vez podrás decir «he triunfado en la vida»? ¿Acaso no guardas objetos inútiles que te son queridos? Filosofar sobre la vida cotidiana es dejarse sorprender por cosas que parecen obvias para redescubrir el mundo.

Nuestra aventura comienza en el apartamento: la entrada, el salón, la cocina y el dormitorio. Allí surgen preguntas sobre nuestra relación con el aburrimiento, el deseo, la familia y la amistad. Continuará en el mundo exterior: el transporte, la oficina, el espacio público, los momentos de ocio y el hospital. Espacios y momentos en los que experimentamos la aceleración del mundo, en los que construimos nuestra relación con los demás, en los que disfrutamos de instantes de entretenimiento. Este viaje terminará en el mundo interior: el cuerpo, la cabeza y el corazón. Exploraremos el amor a uno mismo, el miedo a la locura, la confianza en nuestros sentidos, la búsqueda de nuestra identidad.

Gracias a la alegría del pensamiento descubrirás, en ti mismo y en el mundo, lo que siempre habías intuido pero eras incapaz de llegar a sentir.

EL APARTAMENTO

LA ENTRADA

La entrada es el primer paso hacia tu casa y también la última concesión que hacemos al mundo. Es el principio y el fin del apartamento. Es la estancia que descubrimos en nuestra primera visita y de la que nos despedimos cuando decimos adiós al mudarnos. Es un lugar de paso que acoge objetos que no tienen otro sitio: cachivaches, el zapatero, las bolsas de la compra.

Una vez cerrada la puerta, la entrada marca simbólicamente el inicio de la vida privada. Allí dejamos todo lo que nos ha preocupado durante el día. Nos reencontramos con nuestro perro o nuestro gato, que seguramente se ha aburrido durante nuestra ausencia.

¿De qué manera sentimos en la entrada, más que en ninguna otra parte de la casa, la huella del paso del tiempo? ¿Por qué se ha convertido en refugio de lo inútil?

¿HAY QUE DESHACERSE DE LAS COSAS INÚTILES?

El mundo se divide en dos bandos: los que regresan de un viaje con un magnífico imán en la maleta, que se apresuran a pegar en la nevera, y los que exclaman cuando lo ven: «¿Otra cosa más para acumular polvo?». Por definición, un cachivache es algo inútil: no satisface ninguna necesidad. Pero ¿qué encanto encontramos en estos objetos que no sirven para nada? Para defenderlos, podríamos tener la tentación de encontrarles alguna utilidad: sujetar libros o usarlos como pisapapeles. Sin embargo, precisamente porque el imán, la bola de nieve de cristal o el abanico de papel no tienen uso, su lugar está en la entrada o en la nevera.

¿Recuerdas si te fijaste en el pomo de la puerta la última vez que entraste en casa? Probablemente, no. Tampoco lo hiciste en los cordones que te desataste o en los botones de la chaqueta. No nos damos cuenta de las cosas que estamos acostumbrados a usar. Solo las vemos cuando ya no funcionan (si el pomo se resiste cuando intentamos abrir la puerta, empezamos a ser conscientes de su presencia). Mientras las cosas son perfectamente útiles, resultan invisibles. En otras palabras, un mundo donde todo estuviera sujeto a la utilidad desaparecería en la forma en que hacemos uso de ello. ¡Actuaríamos, pero sin ver nada! No valoramos los cachivaches encontrándoles un uso, porque es precisamente su inutilidad la que les da ese valor.

> **El artista desprecia esta dimensión práctica, esforzándose en ver directamente la realidad misma, sin interponer nada entre ambas.**
>
> **HENRI BERGSON, «CONFERENCIA DE MADRID SOBRE EL ALMA HUMANA», 1916**

Al igual que el artista que describe Henri Bergson en la «Conferencia de Madrid sobre el alma humana», nuestra mirada puede transformarse cuando se encuentra con un objeto inútil a su paso. De hecho, según Bergson, el artista es el que logra ver las cosas por sí mismas; por ejemplo, ese pomo, que para el hombre corriente se ha vuelto invisible porque se ha acostumbrado a usarlo. El artista es el que ve ese pomo, el que se asombra ante sus peculiaridades, el que examina su forma. En la vida cotidiana, debido a que usamos el pomo de la puerta, no podemos verlo. Sin embargo, los cachivaches no se pueden utilizar, lo que evita, en teoría, su desaparición. Tal vez sea esto lo que nos gusta de comprar este tipo de objetos: estamos introduciendo algo en nuestro apartamento que no está amenazado por la utilidad.

Pero esto no quiere decir que comprar una bola de nieve de cristal o un imán nos convierta en artistas. Sin embargo, al recordarnos cada vez que lo vemos que solo lo inútil es visible, damos un paso para más convertirnos en artistas. Los cachivaches, por cierto, no son la única concesión que hacemos a lo inútil: ponemos funda a nuestros teléfonos móviles, cambiamos de peinado, nos divertimos doblando una servilleta o haciendo un origami en un restaurante. Seguimos añadiendo cosas inútiles a las cosas útiles para hacerlas visibles. Nos apropiamos de nuestro mundo. El imán y la bola de nieve son acumuladores de polvo: precisamente por eso, nos encantan. Gracias a ellos, el mundo que nos rodea no desaparece en la utilidad universal.

¿POR QUÉ NOS ATRAE EL CAMBIO?

Parece que siempre nos sentimos atraídos por el cambio, convencidos de que la novedad es menos difícil de soportar que la repetición. A quien disfruta de la rutina, de la vida diaria, de la repetición de los mismos hábitos —ir siempre al mismo lugar de vacaciones, comer lo mismo todos los días— se le considera como un individuo extraño o, peor aún, poco interesante. Pero ¿no es esta «necesidad de cambio» un capricho? ¿Al cambiar tanto en busca de la novedad no perdemos a las personas, las cosas que amamos y que nos hacen felices?

Si el apego a la rutina puede considerarse aburrido, la búsqueda permanente de cambio nos hace arriesgarnos a la inconstancia. En el *Don Juan* de Molière, la estatua del Comendador culpa al héroe de sus múltiples infidelidades y de su incapacidad para cumplir las promesas.

Por miedo a ser esto o aquello, nosotros también cambiamos constantemente, pero al final corremos el riesgo de no ser nada en absoluto. Aceptar la permanencia es elegirse a uno mismo y también es decir no al devenir. Este rechazo a la transformación es imposible y, sin embargo, parece necesario si queremos construir nuestra propia identidad.

> “El sol es nuevo cada día, pero siempre el mismo. [...] Nada permanece, todo es cambio. Solo el cambio es eterno.
>
> HERÁCLITO, *FRAGMENTOS PRESOCRÁTICOS*, SIGLOS VI-V A. C.”

La filosofía del devenir tiene sus orígenes en Heráclito, un filósofo presocrático que decía que no entramos «dos veces en el mismo río», porque el río se transforma y nosotros mismos somos diferentes entre cada baño. Aunque no fuésemos seres vivos, estaríamos sujetos al cambio perpetuo de las cosas, por ejemplo, al fuego que crea islas en las erupciones volcánicas y destruye ciudades bajo las coladas de lava. Nuestra necesidad de cambio podría ser la manifestación del deseo de dirigir esta transformación que, pase lo que pase, tiene lugar en nuestro interior. Puesto que nos transformamos constantemente en otros, puesto que estamos en continua evolución, nos apoderamos de este cambio y tenemos la impresión de dominarlo. Pero ese esfuerzo es vano: también nosotros cambiamos, a pesar de nosotros mismos, desde dentro. Envejecemos, enfermamos. Nuestra supuesta necesidad de cambio es, en realidad, un intento de evitar modificaciones que tienen lugar en contra de nuestra voluntad y que no nos gustan.

¿Qué pasaría si decidiéramos, por otro lado, no tener miedo a la identidad y a la permanencia, elegir a una persona para toda la vida, aunque cambiemos nosotros y también ella? ¿Volver a la misma casa de vacaciones todos los años, en vez de buscar en la variedad de paisajes del mundo algo nuevo para lo que quizás no estamos preparados? ¿Seguiría siendo repetitiva la rutina si nos perdiéramos todos los cambios? ¿No sería valiente aferrarse a la esperanza de la permanencia cuando todo a nuestro alrededor está cambiando? En el río que es la vida, podríamos tratar de resistir la tentación de la inconstancia.

¿CÓMO VE EL MUNDO NUESTRO PERRO?

A veces nuestro perro mira en una dirección sin que sepamos qué le llama la atención. Tenemos la impresión de que ve cosas que nosotros no vemos. Sin embargo, en nuestra interacción con él, actuamos como si su percepción fuese similar a la nuestra. Cuando llegamos a casa, lo saludamos mientras lo acariciamos y le preguntamos: «¿Tienes hambre?», «¡Debes de haberte aburrido mucho hoy!». Aunque hablamos con él, no imaginamos que pueda entender literalmente nuestras palabras. Usamos el lenguaje como una forma de comunicarle nuestros pensamientos y emociones. Decimos: «Me alegro de verte», igual que nos daríamos la vuelta y moveríamos la cola si fuéramos un perro, como él; pero somos humanos y expresamos nuestra alegría con palabras.

Tenemos tendencia a decir que a nuestros animales solo les falta la palabra: tomamos nuestra experiencia del mundo como norma y comparamos la de los animales con la nuestra. Se dice que los perros tienen un campo de visión más amplio que los humanos, una percepción menos precisa de los colores porque tienen menos conos visuales y que su visión de cerca es menos aguda que la nuestra. Pero, aunque conociéramos todas las diferencias entre nuestras percepciones y las del perro o el gato, ¿nos ayudaría esto a entender cómo ven el mundo?

> Nuestra experiencia nos ofrece el material básico para nuestra imaginación, cuyo campo es, por consiguiente, limitado. No nos ayudaría imaginar que tenemos membranas en nuestros brazos, lo que nos permitiría volar en el crepúsculo y en la madrugada cazando insectos con la boca; que tenemos muy mala vista y que percibimos el mundo que nos rodea mediante un sistema de señales de sonido reflejado de alta frecuencia, y que nos pasamos el día en el desván colgando boca abajo de los pies. Ya que puedo imaginar esto (que no es mucho), solo me dice qué sentiría si me comportara como un murciélago. Pero esa no es la cuestión. Deseo saber qué siente un murciélago siendo murciélago. Sin embargo, si intento imaginarlo, me veo limitado a los recursos de mi mente, y estos son inadecuados para la tarea. No puedo imaginarla realizando añadidos a mi propia

experiencia actual, o imaginando gradualmente segmentos sustraídos de esta, o alguna combinación de añadidos, restas o modificaciones.

THOMAS NAGEL, «¿QUÉ SE SIENTE AL SER UN MURCIÉLAGO?», 1974 ”

El problema de comparar el funcionamiento de los sentidos de nuestro perro con el nuestro es que asumimos, sin darnos cuenta, que nuestra experiencia del mundo es comparable a la suya. Sin embargo, como argumenta Thomas Nagel, aunque comenzáramos a adoptar el estilo de vida de un animal, aunque nos pusiéramos un casco de realidad virtual que nos permitiese ver el mundo como lo hace un perro, en realidad no veríamos nada más que las percepciones de un perro tal y como las puede percibir un ser humano. No podemos desprendernos de nuestro punto de vista ni de los cinco sentidos, tampoco podemos saber lo que es orientarse en el espacio mediante ultrasonidos, como un murciélago, pues nosotros dependemos sobre todo de los ojos para obtener información del mundo. Nunca podremos responder a la pregunta «¿cómo ve el mundo nuestro perro?», pues nuestra propia percepción humana nos lo impide.

No tenemos forma de describir la experiencia de nuestro gato o perro, al igual que no podemos describir la experiencia de ningún ser vivo. El razonamiento de Thomas Nagel se aplica tanto a la ambición que podríamos tener de intentar entender cómo percibe el mundo una persona ciega de nacimiento como a la forma de percepción de cualquier otro ser humano que tuviese un acceso a los sentidos comparable al nuestro. Cualquier generalización de la experiencia subjetiva es imposible. No podemos saber lo que es ver el mundo de forma diferente a como lo hacemos nosotros. Pero, tal vez, el placer de conocer a los demás se deba a la diferencia irreductible que existe entre nosotros.

¿POR QUÉ CELEBRAMOS LA LLEGADA DEL AÑO NUEVO?

Hay quien dice que las calabazas de Halloween en octubre, el espumillón navideño en diciembre y los ramos de flores el Día de los Enamorados son un sello distintivo de la importancia cada vez mayor del *marketing* en nuestras vidas. Estas llamadas celebraciones serían una estrategia para obligarnos a comprar adornos y regalos. Aunque festejáramos el fin de año, muchas personas lo hacen sin dar especial importancia a su simbolismo religioso, cuando evidentemente existe. ¿Ha desaparecido de nuestras vidas toda huella de lo sagrado? ¿Tiene un significado simbólico la guirnalda que colgamos en la entrada del apartamento para celebrar la conclusión del año?

Es posible que nuestro apego a celebrar el Año Nuevo proceda de la necesidad de distinguir lo sagrado de lo profano. El filósofo Mircea Eliade considera que introducimos rituales en nuestra vida cotidiana en ausencia de una práctica religiosa que responda a la necesidad de separar lo sagrado —que merece respeto— de lo profano —que pertenece a la vida cotidiana—. Seamos religiosos o no, creamos en la existencia de Dios o no, todos necesitamos distinguir entre lo que es sagrado, que presupone una práctica dedicada, y lo que es profano. Así, el nacimiento de un niño suele ir acompañado de una celebración, aunque no haya bautismo religioso. Dicha celebración no solo es una oportunidad para compartir un buen momento. Según Mircea Eliade, se trata de un ritual que sitúa el nacimiento de un niño bajo el régimen de lo sagrado.

> **Toda construcción y toda inauguración de una nueva morada equivale en cierto modo a un nuevo comienzo, a una nueva vida. Y todo comienzo repite ese comienzo primordial —en que el Universo vio la luz por primera vez—.**
>
> MIRCEA ELIADE, *LO SAGRADO Y LO PROFANO*, 1956

Mircea Eliade explica que, para el hombre religioso, el Año Nuevo es una oportunidad para una renovación sagrada: todo lo que es impuro se olvida, queda destruido, quemado, para dar paso a un tiempo nuevo. El Año Nuevo no es un año más, es la creación de un mundo nuevo que reemplaza al viejo. Al celebrar esta festividad, el hombre no religioso reproduce el ritual de la purificación —a través de rituales paganos como los propósitos de Año Nuevo— y aprovecha esta oportunidad para hacer borrón y cuenta nueva.

Sin pensar en lo sagrado o en la religión, las personas no religiosas siguen necesitando marcar los ritmos del paso del tiempo. Al hacerlo simbólicamente, nos resistimos a la concepción de nuestra existencia en la Tierra como una flecha que va desde el nacimiento hasta la muerte. La celebración del Año Nuevo nos ofrece la oportunidad de acercarnos a un tiempo cíclico, donde podemos vislumbrar la posibilidad de renovación.

Los adornos de cada fiesta, que colocamos a la entrada de casa, son una forma de marcar el paso del tiempo y la sucesión de las estaciones. En lugar de lamentar que el tiempo transcurre demasiado rápido, podemos optar por apegarnos a los rituales que dan ritmo a la existencia. Quizás, colgando guirnaldas a la entrada de tu casa puedas hacer que el tiempo se detenga.

¿SON CÍCLICAS NUESTRAS VIDAS?

Cuando por fin llegamos a casa después de un día duro, nos convencemos de que lo más difícil ya ha pasado. Nos quitamos los zapatos en la entrada, aliviados de que la jornada haya terminado. La noche que se avecina nos dará fuerzas para el día siguiente. A pesar del cansancio, lo que nos da energía para seguir adelante parece que es la certeza de que lo pasado, pasado está. Pero ¿qué ocurriría si empezáramos a dudar de ello? ¿Qué sucedería si tuviéramos que revivir ese día «un número infinito de veces»? ¿Estaríamos dispuestos a volver a esos días agotadores? Nuestras decisiones, nuestros compromisos y los sacrificios que aceptamos ya no nos parecerían justificados. Tal vez sea la certeza de que lo que hemos superado se queda para siempre en el pasado lo que nos permite aceptar mayores sufrimientos.

> **Mira, nosotros sabemos lo que tú enseñas: que todas las cosas retornan eternamente, y nosotros mismos con ellas, y que nosotros hemos existido ya infinitas veces, y todas las cosas con nosotros.**
>
> **Tú enseñas que hay un gran año del devenir, un monstruo de gran año: una y otra vez tiene este que darse la vuelta, lo mismo que un reloj de arena, para volver a transcurrir y a vaciarse, de modo que todos estos años son idénticos a sí mismos, en lo más grande y también en lo más pequeño, de modo que nosotros mismos somos idénticos a nosotros mismos en cada gran año, en lo más grande y también en lo más pequeño.**
>
> **FRIEDRICH NIETZSCHE, *ASÍ HABLÓ ZARATUSTRA,* 1883**

En *Así habló Zaratustra,* Friedrich Nietzsche presenta la teoría del eterno retorno, que se basa en la idea de que el universo no tiene origen ni fin: no cambia, el tiempo no pasa. Aunque tenemos la impresión de vivir en un eje temporal, una flecha que va en una sola dirección, en realidad, según su teoría, no hay pasado ni futuro del universo. Partiendo del supuesto de que todo se reproducirá, nace una nueva moral, en la que cada persona es responsable de sus propios actos. Expansión, retracción, pulsación del universo y eterno retorno de nuestras vidas.

Imaginar que nuestra existencia va a repetirse tal y como la hemos vivido transforma la relación con nuestras decisiones, con el sacrificio y con el paso del tiempo. Si no deseamos cada acción por sí misma, al menos debemos soportar la idea de que se podría repetir eternamente. Ya no podemos justificar un sacrificio doloroso que solo nos parecía aceptable porque tendríamos que experimentarlo una única vez. En otras palabras, si escuchamos la voz de Zaratustra, el ermitaño que regresó entre los hombres, nunca más diremos: «Bueno, ya pasó». Más bien al contrario, trataremos de vivir de tal manera que la suposición de que el pasado va a regresar no haga que el presente sea insoportable.

Aunque no creamos en el eterno retorno, esta hipótesis nos da la oportunidad de preguntarnos si basta con que tengamos la garantía de que algo no volverá a suceder para que se vuelva tolerable. Hay sacrificios que no debemos hacer, aunque sean puntuales. Cuando decimos: «Venga, ya queda menos», nos tranquilizamos ante los esfuerzos realizados como si no fueran a volver a suceder, pero quizás no vemos que estos sacrificios puntuales se repiten a lo largo de nuestra existencia. ¿Cómo podemos, al mismo tiempo, temer que nuestra vida vaya demasiado deprisa y alegrarnos de que un día haya llegado a su fin?

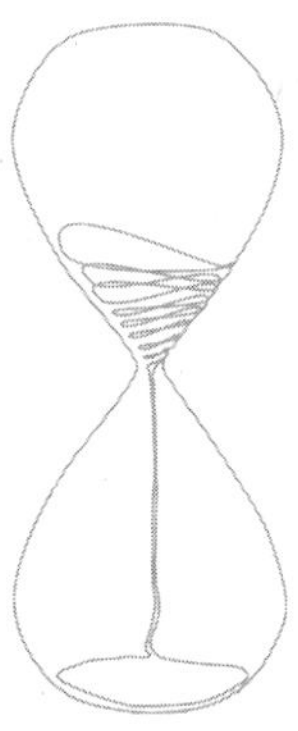

EL SALÓN

El salón es donde podemos sentarnos con la familia o con los compañeros de piso, el lugar donde recibimos a los amigos y donde hacemos gala de nuestra identidad: ya sea mostrando fotos familiares o no enseñando nada en absoluto; o bien a través de un único cuadro sin valor aparente, pero que es el recuerdo de un determinado viaje, como explicamos a nuestros amigos... También es el lugar donde hacemos sitio para objetos decorativos que no tienen otro espacio.

En el día a día, el salón también es el lugar del aburrimiento: una estancia sin función alguna si no hay amigos ni familiares, un lugar en el que tenemos que elegir lo que queremos hacer. ¿Y qué hacer en este espacio que puede albergar todo tipo de actividades? ¿Por qué no optar por el aburrimiento?

¿CÓMO RECONOCER A UN AMIGO DE VERDAD?

En el salón recibimos a todo el mundo: a los amigos de verdad, a viejos conocidos, a compañeros de trabajo, a aquellos que vienen solo porque damos una fiesta... Pero ¿cómo distinguimos a un amigo de toda la vida del verdadero amigo? Se dice que los amigos son aquellos que nunca nos fallan, pero ¿no es posible que un verdadero amigo esté ausente en el momento en que más necesitamos su compañía? ¿Se puede medir la amistad auténtica mediante pruebas de amistad, siendo la primera de ellas la disponibilidad incondicional?

Tan pronto como empezamos a poner a prueba una relación, ya sea amistosa o romántica, la ponemos en peligro: si le pedimos a la otra persona que nos demuestre su amistad, le estamos diciendo que no confiamos en ella. ¿Cómo no me lo va a reprochar? El amigo en el que ya no confiamos no tiene motivos para demostrar que merece nuestra confianza, pues se la hemos retirado. ¿Pero, si no se puede cuestionar una amistad sin romperla, si no se pueden pedir pruebas de amistad, cómo reconocemos a un amigo de verdad?

> **La amistad perfecta es la de los hombres buenos e iguales en virtud; pues, en la medida en que son buenos, de la misma manera quieren el bien el uno del otro, y tales hombres son buenos en sí mismos; y los que quieren el bien de sus amigos por causa de estos son los mejores amigos.**
>
> **ARISTÓTELES, *ÉTICA NICOMÁQUEA*, LIBRO VIII, SIGLO IV A. C.**

El verdadero amigo, según Aristóteles, es aquel cuya relación no es por interés ni por placer, porque «cuando amamos por interés», buscamos «el bien personal», y cuando amamos por placer, «en realidad solo se busca ese placer mismo». Esto es lo que hace que estas amistades sean efímeras: en cuanto cambia nuestro interés, nos alejamos de estos supuestos amigos, que solo estaban allí porque la relación nos resultaba útil. Lo mismo ocurre con el placer: basta con que ya no podamos disfrutarlo para que no nos guste determinado amigo. El amigo de verdad lo es cuando la relación que tenemos se basa en la virtud, es decir, en el bien que ambos queremos hacer, uno y otro, y hacia el que tratamos de tender. La amistad fundada en la virtud no es accidental y es eterna en potencia. La verdadera amistad presupone no solo que los amigos se consideren iguales, sino que prefieran amar a su amigo antes que ser amados por él.

Si los verdaderos amigos buscan su bien en la amistad, lo hacen como un bien que debe ser alcanzado por ambos. En esta relación, el amigo ama antes de ser amado, por eso quien le pide a una persona una prueba de amistad para darle su confianza nunca podrá establecer una auténtica amistad con él. No puedo estar seguro de la amistad de otra persona antes de amarla. En primer lugar, busco el bien y la virtud en esa relación, y no el interés o el placer. El primer sentimiento es el amor que tengo por el otro. La genuina amistad nace de saber que la otra persona hace exactamente lo mismo que nosotros.

¿INTERNET NOS HACE ESTAR MENOS SOLOS?

Si nos vamos solos de viaje, podemos conectarnos a las redes sociales para compartir fotos con nuestros amigos. De esta manera, podemos tener la impresión de que están un poco más a nuestro lado: ven lo que vemos y lo comentan. El teléfono móvil es, ante todo, una respuesta a nuestro deseo de reducir la distancia con aquellos que no están con nosotros. Sin embargo, cuando se trata de conectarnos a las redes sociales, nunca nos sentiremos mejor que estando solos. Fuera de casa, no podemos concentrarnos en la pantalla. Si vamos caminando por la calle, hay que tener cuidado de no tropezar, lo que nos obliga a levantar la vista del móvil. Si estamos almorzando con un amigo, se ofenderá si miramos todo el tiempo el teléfono. En todas partes, nos vemos impedidos a dedicarnos por completo a este dispositivo que nos permite estar conectados con el mundo: hasta tal punto que terminamos deseando ir a casa para tumbarnos en el sofá y finalmente quedarnos a solas con el móvil.

La filósofa estadounidense Sherry Turkle describe esta consecuencia inesperada de la presencia constante de los teléfonos móviles: si bien su promesa es conectarnos entre nosotros, nos hacen desear el aislamiento. ¿Por qué no nos indignamos ante esta traición a la promesa de conectividad? ¿Es el mundo virtual lo suficientemente rico como para compensar la renuncia al mundo real?

> “Hoy en día, soñamos con no estar solos jamás gracias a la máquina, teniendo siempre el control. Esto no puede suceder cuando estamos cara a cara con una persona. Pero, sí podemos hacerlo con un robot o [...] deslizándonos por los portales de una vida digital.
>
> SHERRY TURKLE, *ALONE TOGETHER. WHY WE EXPECT MORE FROM TECHNOLOGY AND LESS FROM EACH OTHER*, 2011”

Hemos conocido las conexiones telegráficas, después las telefónicas y finalmente las digitales, de modo que lo que está lejos en el espacio nos puede resultar accesible. Así, la primera conexión telegráfica entre Estados Unidos y el continente europeo fue motivo de una gran celebración: por fin las noticias se podían escuchar desde el otro lado del Atlántico casi sin demora. La simultaneidad es interesante para los negocios, pero también es atractiva por la posibilidad que ofrece de poder estar en contacto con nuestros seres queridos, dondequiera que nos hallemos en el mundo. Internet consigue este sueño, pero con un cambio decisivo: siempre llevamos con nosotros el dispositivo que nos permite acceder a la red. Nuestra disponibilidad es permanente. El análisis de Sherry Turkle en *Alone Together* es que este sueño de no estar jamás solos, hecho realidad gracias a Internet, supone que nos hemos quedado físicamente solos. En otras palabras, para estar siempre disponibles en el mundo virtual, debemos estar ausentes del mundo real.

El orden del mundo se ha invertido gracias al teléfono móvil: ya no es lo virtual lo que nos distrae, sino que lo real es lo que nos impide dedicarnos a la pantalla. Para no salir del mundo virtual pedimos la comida *online,* teletrabajamos en lugar de ir a la oficina, enviamos mensajes a nuestros amigos porque, atrapados en el mundo virtual, no tenemos tiempo para verlos. Al final, aunque pensemos que estamos mejor conectados con los demás gracias al móvil, en realidad este nos distancia de ellos. Sin embargo, no podemos contar con que un amigo virtual nos ayude a mudarnos de casa o que nos eche una mano si estamos enfermos. Tampoco podemos esperar de las relaciones virtuales tanto como lo hacemos de las relaciones reales. La transformación de nuestras relaciones reales en relaciones virtuales nos deja, por tanto, más solos de lo que estábamos antes.

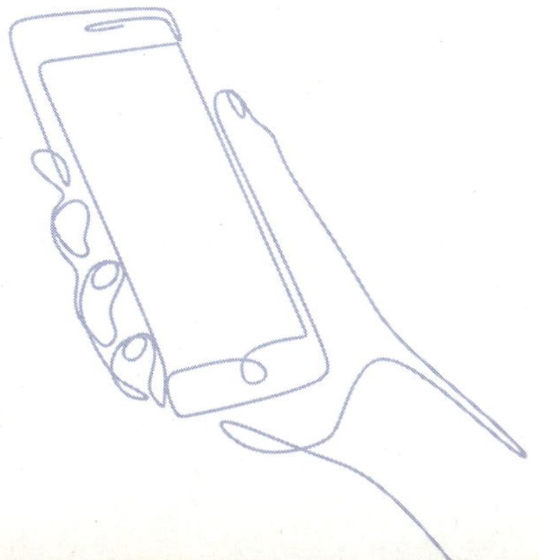

¿ES POSIBLE SER LO SUFICIENTEMENTE RICO?

En el salón podemos mostrar lo que hemos conseguido con mucho esfuerzo: esas vistas desde un sexto piso que nos ha obligado a endeudarnos durante treinta años, esa mesa por encima de nuestras posibilidades, aquel sofá nuevo cuando todavía se podría haber utilizado el viejo. No importa cuánto ganemos, siempre encontramos la manera de querer más: si tuviéramos equis euros más al mes, entonces sí seríamos lo suficientemente ricos... Pero ¿se puede ser lo suficientemente rico? ¿No encontramos siempre la manera de desear un nuevo gasto innecesario?

Quienes estén lejos de ser ricos podrían considerar ridícula esta pregunta: ¡Bastante tenemos con llegar a fin de mes! ¿Pero, acaso no olvidamos siempre nuestra condición anterior? Parece que somos incapaces de estar satisfechos con nuestra situación económica. ¿Cuál es la causa de esta continua insatisfacción?

> Supongamos que hay dos hombres que poseen cada uno un gran número de barriles. Los barriles de uno están sanos, llenos de vino, miel, leche, y este hombre tiene muchos otros barriles, llenos de toda clase de cosas. Una vez que este hombre ha llenado sus barriles, no tiene que verter nada en ellos ni cuidarlos; por el contrario, cuando piensa en sus barriles, está callado. El otro hombre, por otro lado, también sería capaz de obtener este tipo de alimentos, incluso si eran difíciles de recolectar, pero como sus vasijas estaban perforadas y agrietadas, se vería obligado a llenarlas incesantemente, día y noche, infligiéndose a sí mismo las sentencias más dolorosas.
>
> PLATÓN, *GORGIAS*, SIGLO IV A. C.

Nuestra insatisfacción podría proceder del tipo de vida que llevamos: al igual que el hombre disoluto que describe Sócrates en la figura de Gorgias, satisfacemos nuestros deseos a medida que surgen. Cumplir los propios deseos requiere esfuerzo, tal y como se ilustra en esta cita al hablar de los preciosos líquidos con los que llenamos los barriles, y que consumimos cuando pasamos del deseo al placer, lo que nos obliga a volver a llenarlos. La decisión de satisfacer nuestros deseos es como perforar nuestros barriles: como las Danaides, hijas del rey Dánao, condenadas a llenar eternamente un barril agujereado, tampoco nosotros podremos estar nunca satisfechos con nuestra condición, porque nuestros «barriles» están agujereados, es decir, satisfacemos nuestros deseos, lo que nos obliga a rellenar nuestros barriles cada vez a costa de nuevos esfuerzos.

Nunca seremos lo bastante ricos como para contentarnos con lo que tenemos, a menos que no deseemos la riqueza. Tan pronto como nos decimos a nosotros mismos que si alcanzamos cierto nivel de riqueza estaremos satisfechos, nuestros «barriles se perforan». Entonces, nos obligamos a buscar cada vez más riqueza, que nunca será suficiente para llenar nuestros barriles, es decir, para satisfacernos a largo plazo. Mientras queramos que nuestro salón se parezca a otro salón, estaremos atrapados en un círculo que nunca podrá llevarnos a amar el nuestro tal y como es. En otras palabras: el deseo siempre llama a un nuevo deseo, es ilusorio creer que la realización de uno basta para hacernos felices. Por el contrario, cuanto más hacemos realidad nuestros deseos, más deseamos.

¿DAMOS REGALOS PARA RECIBIRLOS?

Cuando vamos al salón de un amigo que nos ha invitado a su casa, nos sentimos obligados a llevar un regalo, no se llega con las manos vacías. Si es su cumpleaños, será un regalo para él; si no hay una ocasión especial, llevaremos vino, flores o alguna cosa para picar. ¿Qué pasa si olvidamos comprar algo? Pedimos disculpas y él responde que no importa, que no es necesario traer nada. Todo es cortesía y precauciones hacia ese amigo que, sin embargo, nos es muy cercano y con el que solemos olvidar las convenciones sociales. ¿De dónde viene ese escalofrío repentino cuando entramos en el salón? ¿Por qué no nos convence la declaración de nuestro amigo de que no era necesario llevarle nada?

Parece que el ritual de la ofrenda cuando alguien nos recibe en su casa se ha convertido en una parte tan importante de nuestros hábitos que no podemos creer a quien insiste, «¡De verdad que no, no es necesario!», para tranquilizarnos si llegamos con las manos vacías. El regalo que ofrecemos es un símbolo: la relación entre nosotros perdurará, porque a través de este don, obligamos al otro a la reciprocidad. Cuando ofrecemos la botella de vino decimos, sin decirlo, que nos volveremos a ver, porque el regalo que hacemos tendrá que ser devuelto.

> La propia palabra «interés» es reciente y tiene un origen técnico contable: *interest,* en latín, que se escribía en los libros de contabilidad, frente a las rentas a percibir. En las morales antiguas más epicúreas, lo que se busca es el bien y el placer y no la utilidad material. [...] Son nuestras sociedades de Occidente las que, muy recientemente, han hecho del hombre un «animal económico». Pero aún no todos somos seres de ese tipo. Entre nuestras masas y nuestras élites, el gasto puro e irracional es una práctica corriente [...].
>
> MARCEL MAUSS, *ENSAYO SOBRE EL DON: FORMA Y FUNCIÓN DEL INTERCAMBIO EN LAS SOCIEDADES ARCAICAS*, 1924

No damos regalos por el interés de recibirlos, sino por la obligación de reequilibrar la relación. No lo contamos, pero sí tenemos en cuenta que, para que la amistad dure, todos deben pagar simbólicamente su deuda. Dar es una obligación social. ¿Qué pasa si uno de los amigos es más rico que el otro? No importa: no es un intercambio económico, no es el valor absoluto del regalo lo que cuenta, sino el sacrificio que implica para todos. Los regalos intercambiados en una relación amistosa no corresponden al sistema de dones y contradones *(potlatch)** descrito por Marcel Mauss en su *Ensayo sobre el don*. Entre amigos no necesitamos ofrecer más para demostrar que somos los mejores, sino que, por el contrario, debemos ofrecer sin ofrecer demasiado. La lógica del don y del contradon en la amistad consiste en devolver un regalo que no sobrepase el valor del primero, porque una ofrenda desproporcionada amenazaría la relación tanto como no hacerla.

En la práctica, esto es intuitivo: no podemos regalar un coche a un amigo porque sí. Este regalo no le agradará si lo percibe como excesivo. Un don de demasiado valor obliga a una reciprocidad que no se ha consentido. En otras palabras, no damos regalos para recibirlos, ofrecemos regalos por obligación de reciprocidad. Dar es crear en el otro la obligación de devolver. Si doy por el interés de recibir, creo una relación en la que la alternancia entre don y contradon podría, un día, convertirse en un conflicto abierto.

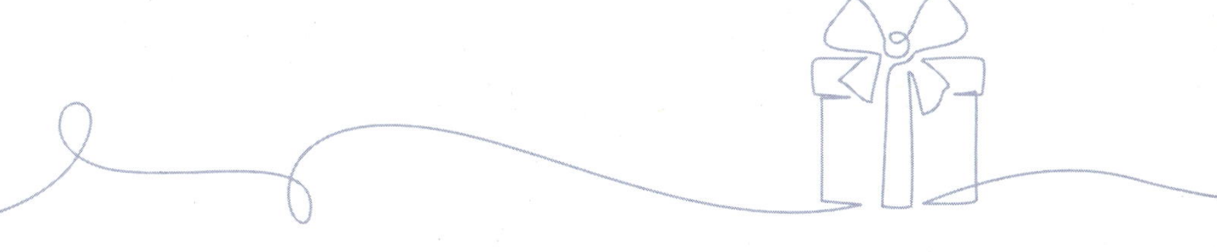

* Ceremonia amerindia de carácter sagrado que consiste en un intercambio de regalos.

¿QUÉ TIENE DE ATERRADOR EL ABURRIMIENTO?

Podríamos imaginar que, después de tanto trabajar, lo más relajante sería no hacer nada. Pero nadie responde al cansancio con el deseo de aburrirse. Cuanto más cansados estamos, más tratamos de estar ocupados, siempre que esta ocupación exija toda nuestra atención y nos impida hacer cualquier otra cosa. «Estoy agotado, voy a ver una serie», decimos al llegar a casa exhaustos de trabajar, como si no hacer nada requiriera más esfuerzo que hacer algo. ¿Pero, por qué no hacer nada y aburrirse, aunque parezca un estado de pura pasividad, resulta más agotador que entretenerse?

Cuando estamos aburridos, nos encontramos disponibles para el mundo. El ajetreo, por el contrario, nos aísla de nuestro entorno inmediato. «Estoy ocupado(a)» significa «no me hables, no me molestes». La ocupación nos protege del mundo y de la posibilidad de tener que hacer algo al respecto. En otras palabras, el aburrimiento supone que estamos relajados, mientras que el entretenimiento es una respuesta a la fatiga ansiosa que sigue al trabajo.

> Si el sueño es el punto supremo de la relajación corporal, el aburrimiento lo es de la relajación espiritual. El aburrimiento es el pájaro de sueño que empolla el huevo de la experiencia. El susurro del follaje lo ahuyenta. Sus nidos —las actividades que se ligan íntimamente al aburrimiento— se han extinguido en las ciudades, han declinado en el campo. Con ello se pierde el don de estar a la escucha, y se pierde la comunidad de los que tienen el oído alerta. Narrar historias siempre ha sido el arte de volver a narrarlas, y este se pierde si las historias ya no se retienen. Se pierde porque ya no se teje ni se hila mientras se les presta oído. Cuanto más olvidado de sí mismo está el que escucha, tanto más profundamente se imprime en él lo escuchado.
>
> WALTER BENJAMIN, *EL NARRADOR,* 1936

En *El narrador,* Walter Benjamin deplora la desaparición de la experiencia comunicable. En su opinión, en el siglo XX esta se ha empobrecido; la información ha ocupado el lugar de la narración de nuestras experiencias. Benjamin, que fue un visionario, anticipaba el fin del aburrimiento. En su tiempo, decía, «ya no se teje ni se hila mientras se les presta oído»; lo mismo que sucede hoy en día, pues ya no escuchamos, puesto que los teléfonos móviles exigen toda nuestra atención. Tejer tiene la ventaja de hacer que nos «olvidemos» de nosotros mismos; esta actividad mecánica ocupa nuestras manos y permite la «relajación mental», el vago aburrimiento que propicia escuchar una historia. Pero parece que esta disposición del alma ha desaparecido, ahora solo podemos interesarnos por la información, que solo tiene valor en el momento en que se transmite, y ya no por las historias que sobreviven al contexto de la narración que se hace de ella.

Walter Benjamin asocia nuestro rechazo al aburrimiento con la desaparición gradual de la muerte en la vida social: ahora morimos en la clandestinidad, en el hospital. Pero, según él, el moribundo tiene una «autoridad» sobre los vivos que le miran «en la medida en que aflora en sus expresiones y sus miradas lo inolvidable». Creemos, erróneamente, que nos mantenemos ocupados porque sabemos que somos mortales, para no perder ni un minuto de vida, pero en realidad nos refugiamos en el entretenimiento porque nos negamos a ser mortales. Estar aburridos no significa que estemos perdiendo el tiempo, precisamente porque estamos aburridos podemos vivir experiencias. Mientras estamos ocupados, nos impedimos tenerlas.

¿ESTAMOS CONDENADOS A LA NOSTALGIA DE LA INFANCIA?

Por la noche, sentados en el sofá, vemos a nuestro hijo bostezar e irse a la cama medio dormido y pensamos «qué bonito era todo antes». Mejor antes, cuando éramos niños, como él, cuando no teníamos responsabilidades, obligaciones sociales, ni preocupaciones materiales, cuando no estábamos obligados a nada. Nos arrastraban a todas partes, hacíamos amigos en pocos minutos y nos quedábamos dormidos antes incluso de acostarnos. ¿Cómo pudo el tiempo estropear aquel paraíso? ¿Por qué tuvimos que entrar en la adolescencia? ¿Por qué se nos permite vivir una vida tan hermosa en la infancia, si se nos priva de ella en la edad adulta y nos hace sentir nostalgia de esa época pasada?

En *Así habló Zaratustra*, Nietzsche cuenta la historia del sabio ermitaño Zaratustra cuando regresó entre los hombres. El primer discurso que les dio trataba sobre las tres metamorfosis del espíritu humano: primero un camello, un «espíritu pesado» que «carga todas estas cosas, las más pesadas de todas»; después un león, que rechaza todo, incluso el «tú debes», y, finalmente, un niño. En otras palabras, la infancia podría ser, no tanto un estado por el que estamos condenados a sentir nostalgia, sino la última transformación del espíritu.

> **Inocencia es el niño, y olvido; un nuevo comienzo, un juego, una rueda que se mueve por sí misma, un primer movimiento, un santo decir sí.**
>
> FRIEDRICH NIETZSCHE, *ASÍ HABLÓ ZARATUSTRA*, 1883

Si podemos sufrir de nostalgia por el paraíso perdido de la infancia, tal vez sea porque nuestro espíritu no ha alcanzado la transformación definitiva que nos permitiría (re)convertirnos en niños. Podría ser la nostalgia misma, una pasión triste, la que impide esta transformación: el niño no conoce esta tristeza, porque sabe olvidar. Zaratustra explica que convertirse en un niño, para el espíritu, es abandonarse al juego. Sin embargo, el nostálgico, en lugar de renunciar al juego, piensa en el pasado. Se refugia en la memoria, cuando la infancia se caracteriza por el olvido. Después del rechazo del mundo del espíritu-león, el niño es una afirmación para el espíritu de «su propia voluntad». Uno podría imaginar que esta autoafirmación es solemne, pero en realidad toma la forma de un juego. La última transformación de la mente es la risa, la aceptación de la burla, el alejamiento de la tentación, de la seriedad.

No estamos condenados a la nostalgia de la infancia, solo tenemos que recordar que la infancia no está detrás de nosotros, sino delante. Después de haber sido un camello y un león, podemos convertirnos en niños siempre que aceptemos las reglas del juego, es decir, que no nos aferremos a la memoria, que nos regocijemos en ser ingenuos o incluso crédulos, que nos desprendamos del amor propio, que no nos importe el progreso, que aceptemos la vanidad —la de «una rueda que se mueve por sí misma»—. El niño no juega más que por jugar, no aspira a nada. Este sería nuestro estado en la transformación final: un estallido de risa que no pregunta «¿qué será lo próximo?», que no se preocupa por el paso del tiempo, que confunde el ayer con el año pasado, que no está obligado a la coherencia. Para dejar de sentir nostalgia por la infancia, necesitamos hacer «un primer movimiento»: coger el peón y avanzar en el tablero de juego.

LA COCINA

Para algunas personas, la cocina es un lugar de experimentación, para otras, un espacio donde nos dejamos guiar por los hábitos. ¿Debemos cultivar siempre el gusto por la novedad? ¿No podríamos comer solo aquello que nos gusta?

La cocina también es un lugar de reunión familiar: allí nos divertimos, discutimos, compartimos tiempo juntos antes de que cada uno regrese a su habitación.

Por último, nos encontramos con electrodomésticos —lavavajillas, microondas, batidoras— que parecen hacernos un favor, pero que, en cuanto dejan de funcionar, nos vuelven locos. ¿Qué opinamos de estas máquinas que no son exactamente un objeto como cualquier otro?

¿DEBERÍAMOS «DISFRUTAR» LA VIDA A TODA COSTA?

Carpe diem en la interpretación popular significa: la vida es corta, hay que aprovecharla. Es una invitación a la ligereza que se puede aplicar fácilmente en la vida cotidiana, por ejemplo, cuando nos preguntamos si debemos o no comer un helado: «¿Por qué privarnos? ¡Mañana puede que estemos muerto(a)s!». Y si no es mañana, será pasado mañana. ¿Realmente tenemos que preocuparnos de comer bien, contar calorías, cuando no vamos a vivir eternamente?

La expresión nos invita *a priori* a no preocuparnos de lo accesorio, a dar importancia solo a lo que vale la pena. Pero el *carpe diem* puede convertirse rápidamente en un mandato que nos hace sentir culpables: ¿Estamos aprovechando las vacaciones? ¿Nos estamos divirtiendo lo suficiente? Cuando decimos a alguien *«¡disfruta!»*, no le estamos dando un consejo a la ligera, le estamos imponiendo una obligación inhibidora. Porque, ¿cómo podríamos disfrutar de la vida si estamos, en todo momento, preocupados por no hacerlo lo suficiente? De hecho, tan pronto como nos dicen: «¡Aprovecha, todavía eres joven!» o «¡Disfruta las vacaciones, que ya casi se han acabado!», nos preocupamos. ¿Qué podríamos hacer para sacarles el máximo provecho?

> **Pues ni la bebida y los banquetes continuos, ni el goce de muchachos y mujeres, ni de los pescados y todas las otras cosas que trae la mesa suntuosa, engendra la vida grata, sino el sobrio razonamiento que indaga las causas de toda elección y rechazo, y expulsa opiniones por las cuales se posesiona de las almas la agitación más grande.**
>
> **EPICURO, *CARTA A MENECEO*, SIGLOS IV-III A. C.**

A menudo se nos invita a «disfrutar» de una comida diciéndonos que repitamos el postre, o se nos dice que «disfrutemos» de múltiples conquistas amorosas antes de tener que resignarnos a la monogamia. La obligación de «aprovechar» nace casi siempre del miedo a que en el futuro estas posibilidades ya no existan: mañana no será igual que hoy, el momento que estoy viviendo es precioso porque no volverá a suceder. Sin embargo, el epicureísmo, al que se asocia este estímulo para disfrutar la vida, es lo opuesto a una invitación a exprimir el fruto hasta la última gota. Epicuro no justifica su concepción de la vida feliz amenazando con un futuro insatisfactorio. Podemos encontrar esta vida feliz en «el sobrio racionamiento». En otras palabras, no hay razón para despreciar la vida cotidiana, el trabajo y la rutina como sacrificios que soportamos con la esperanza de momentos excepcionales que deberemos aprovechar. Podemos disfrutar la vida ordinaria, y no solo las cosas que nos alejan de ella.

Disfruta, porque pronto estarás muerto; esta es una frase que nos pide lo imposible. El epicúreo no se preocupa de «disfrutar» lo suficiente, no le preocupa la muerte que está por venir, porque «cuando la muerte está ahí, entonces ya no somos». Pedirle a alguien que viva el presente, con la mayor intensidad de experiencia posible, mientras se justifica el consejo de una amenaza futura, es impedirle disfrutar ese momento. ¿Cómo deleitarse con algo si nos advierten de que muy pronto ya no estará?

¿DEBERÍAMOS CULTIVAR EL GUSTO POR LA NOVEDAD?

En la infancia estamos expuestos constantemente a la novedad, se nos invita a probar todos los alimentos. Más tarde, como adultos, terminamos teniendo nuestros pequeños hábitos culinarios: adoptamos como ingrediente secreto el cebollino o cocinamos todo al vapor. Pero ¿no deberíamos mantener esta práctica de exposición a la novedad en la cocina durante toda la vida? Descubrir un plato nuevo podría enriquecer nuestra experiencia del mundo: una vida sin ese plato de fideos picantes es un poco menos rica que la que viviremos a partir de ahora, con el recuerdo de ese sabor en algún lugar de nuestro repertorio gustativo. ¿Pero, no nos lleva este razonamiento a buscar siempre una especia desconocida, un nuevo alimento, y a negarnos el placer de comer un plato que nos gusta?

Este es un dilema que conocen bien los *gourmets:* cuando por fin vamos a ese restaurante que nos gusta, nos debatimos entre pedir el plato del menú que preferimos, pero que ya conocemos, u optar por un plato nuevo que podría gustarnos menos. ¡Si elegimos siempre la primera opción, nunca descubriremos la carta del restaurante y puede que nos perdamos platos mejores! Pero si siempre elegimos lo segundo, no volveremos a comer ese plato delicioso que nos ha hecho regresar a ese restaurante. ¿Deberíamos volver a ese restaurante o probar otros nuevos? ¿No define esa única elección nuestra personalidad? ¿Debemos cultivar el gusto por la novedad?

> No es extraordinario, dice un antiguo, que el azar pueda tanto sobre nosotros habida cuenta que nuestra vida se debe al azar. A quien no haya dirigido el conjunto de su vida hacia un objetivo cierto, le resulta imposible disponer bien las acciones particulares. Le resulta imposible poner las piezas en orden a quien no tiene una forma del conjunto en la cabeza. ¿Para qué proveer de colores a quien no sabe lo que ha de pintar? Nadie se hace un propósito cierto sobre su vida, y solo decidimos de ella por parcelas.
>
> MICHEL DE MONTAIGNE, *LOS ENSAYOS*, 1580

La inconstancia está en nuestra naturaleza: si es difícil desprendernos de nuestros hábitos cómodos, es igualmente difícil ser fiel a nosotros mismos. Como Montaigne, a veces somos «tímidos», otras, «insolentes»; a veces somos «habladores», otras, «taciturnos»; en ocasiones somos «inteligentes», otras, «obtusos». En sus *Ensayos*, Montaigne dedica un capítulo a «la inconstancia de nuestras acciones»: es difícil «asociar» las acciones de un individuo, ya que «se contradicen entre sí». La fidelidad a uno mismo es la excepción y no la regla: tal vez quienes eligen en un restaurante el plato que ya conocen están tratando de luchar contra la inconstancia de la que están hechos.

Pero nuestro deseo de sabores nuevos podría interpretarse como la búsqueda de una excusa para ser volubles. Nos ponemos en una situación sin precedentes para no vernos obligados a ser fieles a nosotros mismos. Es posible que se trate de un intento de perdonarnos por no tener en mente, como el arquero, el blanco de nuestra vida desde el principio, para poder disparar una flecha sin temblar. No sabemos a qué diana apuntamos, pero en lugar de admitirlo, encontramos en el mundo objetos nuevos que son pretextos para no tener ese conocimiento anticipado. El gusto por la novedad es una forma de aplazar ese momento en el que tendremos «un plan definido» para nuestra vida.

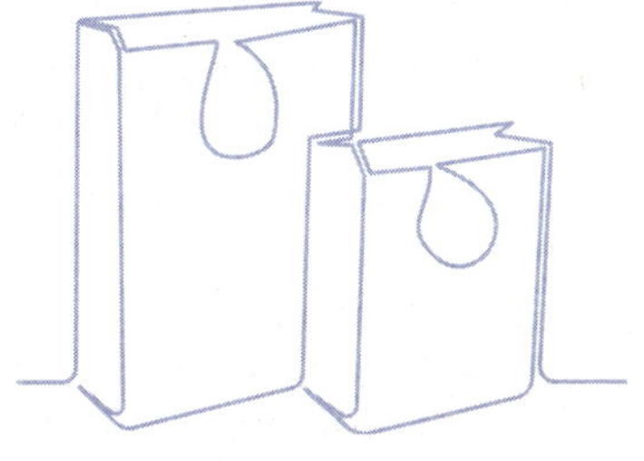

¿HAY QUE QUERER A LA FAMILIA?

A menos que tengamos una familia particularmente desagradable, no podemos, sin vergüenza o culpa, admitir que no les queremos, sobre todo cuando se trata de nuestros propios hijos. Ahora bien, al igual que uno no elige a sus padres, ¡tampoco elige a sus hijos!

Al mismo tiempo, ese niño que ama a su familia hasta el punto de no querer abandonarla nunca nos recuerda a Tanguy*, al que se le reprocha su falta de curiosidad por el mundo exterior. Si se trata de un padre que no logra ofrecer independencia a sus hijos, se le dice que sea menos protector, que permita que sus hijos se independicen. ¿No sería más bien una virtud el deseo de abandonar a la familia cuando alcanzamos la edad adulta, no tanto porque te desagrade como por el fastidio que te produce convivir con ella?

> **La exogamia es el único medio de mantener al grupo como grupo, de evitar la fragmentación indefinida y la compartimentación que traería consigo la práctica de los matrimonios consanguíneos: si se recurriera a ellos de manera persistente o con demasiada frecuencia, no tardarían en hacer que el grupo social se «rompiera» en una multitud de familias, que formarían otros tantos sistemas cerrados [...].**
>
> CLAUDE LÉVI-STRAUSS, *LAS ESTRUCTURAS ELEMENTALES DEL PARENTESCO*, 1949

En *Las estructuras elementales del parentesco*, Claude Lévi-Strauss estudia las organizaciones sociales que permiten evitar la consanguinidad: por ejemplo, separar una sociedad en dos grupos y proceder a un intercambio ritual de mujeres entre ambos, que a su vez se dividen en subgrupos más complejos. Esta organización social tiene la ventaja de impedir cualquier lógica familiar que encierre a un clan en sí mismo. El intercambio no requiere solidaridad a nivel familiar, sino a nivel social. Es decir, el hecho de no permanecer

---

* Se refiere al personaje de la película francesa *Tanguy. ¿Qué hacemos con el niño?* (2001), de Étienne Chatiliez. (N. de la T.).

apegado a la propia familia permite formar una sociedad a partir del conjunto de familias, en lugar de clanes cerrados. Tal vez por eso no amamos tanto a nuestra familia como para no querer dejarla nunca.

Para nosotros, que vivimos en sociedades sin un intercambio ritualizado de mujeres que nos podría asegurar la exogamia y la protección contra la lógica del confinamiento familiar, lo que puede garantizar que no permanezcamos en clanes es la aversión a la familia, que comienza en la adolescencia y continúa en la edad adulta. No es que todo el mundo empiece a odiar a su familia a esta edad, sino que cabe otro tipo de amor. Podríamos interpretar los conflictos que surgen entre generaciones en muchas familias como una protección que nos obliga a dejar el hogar y formar nuestras propias familias. Las disputas familiares garantizan que el movimiento de los individuos continúe y que seamos una sociedad, no solo una familia. El amor romántico competiría con el amor familiar para asegurar la exogamia en el mundo contemporáneo.

¿CÓMO IMPONER LÍMITES A NUESTROS HIJOS?

Si hay un ámbito en el que todo el mundo afirma estar cualificado para dar consejos es en el de la educación de los hijos. Tanto si los tenemos como si no, si se portan correctamente o no, todos se atreven a darlos: «No deberías permitirle correr por aquí, es peligroso», «Ay, ¿es verdad que dejas que tu hija se vaya a la cama después de las once de la noche?». ¿Qué quiere decir una educación demasiado estricta? ¿El niño crece mejor con lo que solemos denominar una «rutina» o sin demasiados límites, experimentando por sí mismo las malas decisiones?

Todo el mundo sabe que lo que antes parecía apropiado para educar a un niño —un bofetón como castigo a una estupidez— ahora se considera de una violencia inaceptable. Pero, también se dice que por eso educamos hoy en día a niños-reyes sin ningún límite, un extremo que sería igual de perjudicial para un desarrollo adecuado. ¿Entonces, qué hacer cuando somos padres y no queremos caer ni en un extremo ni en el otro? ¿Deberíamos decidir caso por caso y dedicar nuestro tiempo a preguntarnos si un límite en particular es válido o no, o deberíamos establecer reglas con las que nunca transigir?

> “Lo que le otorguéis, otorgádselo a su primera palabra, sin solicitaciones, sin ruegos, sobre todo sin condiciones. Otorgad con placer, no neguéis sino con repugnancia; pero que todas vuestras negativas sean irrevocables, que ninguna inoportunidad os haga vacilar, que el *no* pronunciado sea un muro de bronce contra el cual agote el niño cinco o seis veces sus fuerzas: después no intentará derribarlo.
>
> Así es como lo volveréis paciente, uniforme, resignado, apacible, incluso aunque no tenga lo que ha querido; porque es propio de la naturaleza del hombre soportar con paciencia la necesidad de las cosas, pero no la mala voluntad de otro. Esta palabra, *basta,* es una respuesta contra la que nunca se ha rebelado ningún niño, salvo que creyese que era mentira.
>
> JEAN-JACQUES ROUSSEAU, *EMILIO O DE LA EDUCACIÓN*, 1762

Si optamos por ir caso por caso, no deberíamos establecer una negociación permanente con el niño. Como nos recuerda Rousseau en *Emilio*, el niño debe ser tratado según su edad: si con seis años solo es capaz de comprender algunas cosas, no es tan sabio como un adulto para decidir qué es lo mejor para sí mismo. Rousseau recomienda no tratar de explicarle todo: «No le prohibáis las cosas de que deba abstenerse, obligadle a que las haga, sin explicación ni raciocinio; lo que le otorguéis, otorgádselo a su primera palabra, sin solicitaciones, sin ruegos, sobre todo sin condiciones». Según él, no se debe pretender tener autoridad, querer mandar al niño, sino conceder o rechazar sin justificación para evitar una discusión: «La educación peor es dejarle que fluctúe entre su voluntad y la vuestra y que disputéis sin cesar cuál de los dos ha de ser el amo». Según Rousseau, es mejor que el niño lo decida todo, en lugar de someter cada decisión a debate.

Antes de determinar los límites que decidimos imponer a nuestros hijos, debemos saber cómo hay que transmitirlos. Según Rousseau, los padres deben tratar de reproducir la magia de la palabra «basta», que no entraña ninguna insistencia por parte del niño, frente al «no» que se opone a la voluntad del niño: este «no» debe ser siempre innegociable, irrevocable. Si no hay más pasteles, parece absurdo seguir pidiéndolos —hasta un niño pequeño tiene esa intuición—. Si sabe que es imposible que un no, bajo ninguna circunstancia, se convierta en un «sí», dejará de pedir.

¿ESTÁN LAS MÁQUINAS A NUESTRO SERVICIO?

Nuestras interacciones diarias con las máquinas suelen ser «amables»: pulsamos los botones que tienen, esperamos a que el microondas llegue al final del programa, seguimos las instrucciones de funcionamiento de la batidora, etc. Pero tan pronto como las máquinas dejan de funcionar, perdemos toda consideración hacia ellas. ¡Las insultamos, las golpeamos, las tiramos!

En otras palabras, mientras las máquinas cumplen con nuestras expectativas, las humanizamos, pero en cuanto se resisten o nos decepcionan, las tratamos como meros objetos. Así, exigimos de ellas una obediencia de la que son incapaces, las máquinas solo pueden hacer lo que les permitimos hacer. Somos sus creadores; las programamos y, si nos decepcionan, no es culpa suya, sino nuestra. ¿Qué tipo de relación tenemos con ellas? ¿Están, como suele decirse, a nuestro servicio?

> La cultura conlleva de este modo *dos actitudes contradictorias* con respecto a los objetos técnicos: por una parte, los trata como *puros ensamblajes de materia*, desprovistos de verdadera significación, y que presentan solamente una utilidad. Por otra parte, supone que esos objetos son también robots y que están animados por intenciones hostiles para con el hombre, o que representan para él un peligro permanente de agresión, de insurrección. Al juzgar bueno conservar el primer carácter, quiere impedir la manifestación del segundo y habla de poner las máquinas al servicio del hombre, creyendo encontrar de este modo, en la reducción a la esclavitud, un medio seguro de impedir toda rebelión.
>
> GILBERT SIMONDON, *EL MODO DE EXISTENCIA DE LOS OBJETOS TÉCNICOS*, 1958

Gilbert Simondon analiza nuestra doble actitud de humanización y cosificación de las máquinas en *El modo de existencia de los objetos técnicos*. Proyectamos miedos en las máquinas, que humanizamos —la fantasía del robot asesino, el miedo a una conspiración global en la que todas las máquinas se unirían—, y respondemos a esta amenaza imaginaria con el deseo de esclavizarlas. Queremos decir con nuestro discurso que las máquinas están a nuestro servicio. En realidad, no lo están: «No tienen voluntad, son individuos técnicos y no humanos». «Lo que reside en las máquinas es la realidad humana, el gesto humano congelado y cristalizado en estructuras que funcionan», escribe Simondon. El material del que están hechas las máquinas no es el ser humano. Son productos de la acción humana y los fines que persiguen son los que se les han dado.

Aunque imaginamos que las máquinas nos son ajenas, no es así. Entonces, ¿por qué las tememos? ¿Por qué procuramos garantizar su docilidad? Quizás porque es más fácil identificar una amenaza externa, incluso imaginada, que darnos cuenta de que los defectos de las máquinas son nuestros propios defectos, que sus sesgos son nuestros y que su mal funcionamiento es nuestra responsabilidad. Decir que las máquinas están a nuestro servicio es una cómoda artimaña para librarnos de esta incómoda responsabilidad. La dimensión «utilitaria» de una máquina no es esencial para ella: como siempre asociamos las máquinas al trabajo, asumimos este imperativo de utilidad. En realidad, un objeto técnico podría transmitir información con la misma facilidad, o no ser «útil» por sí mismo, sino integrarse en un sistema técnico. Lo que hacemos es prestarnos un servicio a nosotros mismos a través de las máquinas, que es muy distinto a tener máquinas que están a nuestro servicio.

EL DORMITORIO

El dormitorio es la habitación dedicada al ámbito privado: entramos solos(as) o en pareja, contamos secretos que no se oyen en la entrada, el salón o la cocina. Al final del día, nos acostamos y relatamos en persona o por teléfono lo que no hemos podido decir durante el día. Allí nos refugiamos con un libro, en el silencio, escuchamos con oído distraído un televisor de fondo, una radio, el sonido de los pasos de los vecinos... Pensamos en el amor, en la fidelidad, en los seres queridos, en los recuerdos que nos gustaría olvidar, en el perdón que somos incapaces de conceder, en la culpa que nos devora. Y, a veces, miramos al techo con la esperanza de que finalmente el sueño se apodere de nosotros.

¿REALMENTE PUEDO EXPRESAR LO QUE SIENTO?

Hay momentos en una discusión donde la comunicación se rompe, incluso con las personas que tenemos más cercanas: «Está bien, no puedes entenderlo», expresamos para abreviar. Esta frase puede ser una forma de decirle a la otra persona que es estrecha de miras, o simplemente que no ha tenido una experiencia similar a la nuestra y, por tanto, no puede ponerse en nuestro lugar. Pero, a veces, lo que queremos manifestar es que no somos capaces de explicar lo que sentimos, pese a toda la buena voluntad de quien nos escucha. El problema no es que la otra persona no pueda entender, sino que ni siquiera somos capaces de decirle lo que nos gustaría. En otras palabras, aunque nuestro interlocutor estuviera dotado de una empatía perfecta, la discusión acabaría con la misma conclusión.

Hablar implica generalizar: las palabras designan un conjunto de cosas y no una en particular. Por ejemplo, el árbol se refiere a todos los árboles: sauces, pinos, palmeras, etc. Para los objetos que observamos, esta generalización se hace sin demasiada dificultad, es decir, coincidimos en una característica común de un grupo de objetos y la palabra reúne todos los objetos que satisfagan esta regla —el jarrón para poner flores, el edificio que alberga los apartamentos en varios pisos, la lámpara que ilumina—. Ahora bien, desde el momento en que queremos hablar de lo que sentimos, no hacemos más que generalizar asumiendo que cosas muy diferentes están relacionadas. El amor sería al mismo tiempo el sentimiento que se siente por la familia, por el amante, por el amigo, por la mascota, por un país... Podemos decir que los «amamos» a todos. Pero esta generalización a través del lenguaje traiciona la diferencia entre los sentimientos que realmente sentimos. ¿Amé igual la primera vez que la segunda? ¿No me lleva el lenguaje a unir dos estados interiores irreducibles?

Si digo que solo sé por mi propio caso lo que significa la palabra «dolor» —¿no debería decir también lo mismo de los demás? ¿Y cómo puedo generalizar esto con tanta indiferencia? [...] Supongamos que cada uno tuviera una caja y dentro hubiera algo que

llamamos *escarabajo*. Nadie puede mirar en la caja de otro; y cada uno dice que él sabe lo que es un *escarabajo* solo por la vista de su *escarabajo*. —Aquí podría muy bien ser que cada uno tuviese una cosa distinta en su caja—. Podríamos incluso imaginar que la cosa en cuestión cambiaría sin cesar.

LUDWIG WITTGENSTEIN, *INVESTIGACIONES FILOSÓFICAS*, 1953 

La generalización inherente al lenguaje, en lo que se refiere a los estados interiores, plantea el problema de que es imposible que nadie más que uno mismo experimente sus propios sentimientos. Esto es lo que explica Wittgenstein en las *Investigaciones filosóficas* con el ejemplo del escarabajo: nuestros sentimientos están como encerrados en una caja que nadie más que nosotros podemos abrir. Nos acostumbramos, con el tiempo, a designar con idéntico término lo que hay en la caja, pero nunca podremos estar seguros de que sentimos lo mismo cuando decimos «estoy sufriendo» o «estoy enamorado». Las descripciones de estos sentimientos pueden coincidir, al igual que sus manifestaciones externas —decir «ay» cuando tropezamos, por ejemplo—, pero eso no asegura que su contenido sea el mismo para todos, especialmente porque decir que sentimos dolor es algo demasiado general para permitirnos describir la calidad de ese dolor.

En realidad, no podemos decir lo que sentimos a los demás, si por «decir» entendemos la transmisión, a través del lenguaje, de nuestro estado interior, de tal manera que puedan imaginar lo que estamos experimentando. Cuando decimos que nos encontramos tristes, la otra persona solo tiene como referencia su propia caja «triste», que nunca sabremos si contiene lo mismo que la nuestra. Sin embargo, esto no impide la empatía, pero abre la posibilidad de utilizar herramientas distintas al lenguaje para manifestar lo que sentimos: aunque nos guste pensar que las palabras están por encima de las cosas, están viciadas por la imposible verificación de la referencia, cuando designan algo que no está en el mundo, sino en nosotros mismos.

¿SON JUSTIFICABLES ALGUNAS MENTIRAS?

Los minutos que separan el momento de acostarse del de conciliar el sueño son propicios para la introspección. «No le dije que me había comprado una manta nueva para reemplazar la vieja, que se estaba cayendo a pedazos». «No le comenté que su tarta sabía fatal». «Le oculté que le había engañado para que no sufriera». ¿Hice bien en mentirle? Nos tranquilizamos diciéndonos a nosotros mismos que, si mentimos, fue por el bien del otro. Sin embargo, cuando descubrimos que nos han mentido, incluso por nuestro propio bien, aunque sea una mentirijilla, consideramos esa mentira inaceptable. ¿No es cierto que la mentira nos produce desconfianza? Si bien no encontramos justificación para las mentiras de los demás, sí lo hacemos para las nuestras. ¿La culpa entonces está en la mentira o en el hecho de no saber mentir tan bien como para que nunca se descubra la verdad?

En *¿Hay derecho a mentir?*, Immanuel Kant defiende la idea de que todas las mentiras son inmorales: aunque un asesino me preguntase dónde se esconde mi amigo que está intentado escapar, no debería mentirle; puedo permanecer en silencio, pero si hablo, tengo que revelarle el lugar donde se encuentra. Si la mentira es una falta moral imperdonable, según Kant, es porque socava la credibilidad que los seres humanos concedemos a la palabra; en cuanto existe la posibilidad de mentir, la palabra pierde la capacidad de decir la verdad, se puede dudar de ella.

> Aunque con cierta mentira no hago injusticia a nadie, en general estoy violando el principio de derecho con respecto a toda declaración inevitable (estoy cometiendo una injusticia formal, si no material), que es mucho peor que cometer una injusticia con alguien, porque este último acto no siempre presupone un principio a este respecto.
>
> IMMANUEL KANT, *¿HAY DERECHO A MENTIR?*, 1797

Lo peor no es ofender a alguien, ser injusto con otro individuo, sino poner en tela de juicio un principio general con nuestra mentira. Kant sostiene que la verdad se debe entender como «un deber en sí mismo», es decir, que no es un deber sujeto a otro. No podemos compararlo con el miedo, por ejemplo, de herir a otra persona diciéndole la verdad. Por eso, quien se pregunta ante una situación dada si, por una vez, puede mentir, comete una falta moral, aunque sus intenciones sean buenas. Quien pide permiso para reflexionar sobre la posibilidad de una excepción ya es un mentiroso, porque esta posible excepción demuestra que no considera que la «veracidad» sea «un deber en sí mismo»: la regla de la honestidad no puede admitir «por su propia esencia» ninguna excusa, ya que de lo contrario se contradeciría a sí misma». Por tanto, no puede haber ninguna excepción legítima al deber de la verdad.

La mentira, tal como la concibe Kant, es siempre una falta, porque pone en peligro todos los discursos futuros y cuestiona todos los discursos pasados. Si el trauma de descubrir que nos han mentido es tan grande se debe a que una sola mentira es suficiente para romper la confianza en el discurso humano; si hay una excepción, entonces el discurso ya no es necesariamente verdadero. La mentira nos hace dudar de la veracidad de todo discurso. ¿Acaso hay alguien más sospechoso que quien practica la mentira y sabe de buena tinta que nunca se debe confiar en una palabra dada?

¿ES LA PAREJA UNA INSTITUCIÓN OBSOLETA?

Las relaciones románticas no escapan al consumo; hay un mercado para el amor. Ahora bien, si los nuevos encuentros son tan fáciles gracias a las aplicaciones, ¿por qué deberíamos continuar con una relación que solo nos satisface a medias? Es más sencillo intentar tener una aventura con otra persona. Pero el sueño de encontrar un alma gemela y tener una relación perfecta parece coexistir, en su aparente obsolescencia, con esta tendencia a multiplicar las relaciones. ¿Y si la pareja no fuera una institución obsoleta? ¿Y si la búsqueda de la otra mitad poseyera una belleza intrínseca?

En *El banquete*, Platón da la palabra a Aristófanes, que cuenta la historia de la división original de los seres humanos. Esto llevaría a cada persona a buscar su otra mitad, sea o no del mismo sexo. Según este mito, antes de la división de los humanos por los dioses, todos, hombres, mujeres y andróginos, tenían cuatro piernas y cuatro manos, «y dos rostros perfectamente iguales sobre un cuello circular. Sobre estos dos rostros, situados en direcciones opuestas, una sola cabeza, y además cuatro orejas». Estos seres emprendieron el ascenso a los cielos para atacar a los dioses, por lo que Zeus y las demás deidades decidieron castigarlos por su «descaro». Optaron por cortarlos por la mitad, para que cada uno tuviera solo dos piernas. El problema es que, después, la especie ya no se podía reproducir: según este mito, los órganos sexuales se colocaron de nuevo delante de estos medios cuerpos para que cada persona pudiera fundirse, en el acto sexual, con su otra mitad, independientemente de que esta fusión diera lugar o no a la descendencia.

> **Pues la razón de esto es que nuestra antigua naturaleza era como se ha descrito y nosotros estábamos íntegros. Amor es, en consecuencia, el nombre para el deseo y persecución de esta integridad.**
>
> **PLATÓN, *EL BANQUETE*, H. 380 A. C.**

La definición de amor en *El banquete* tiene que ver con la búsqueda de la otra mitad. La pareja, según este mito, corresponde a la relación con la persona que hemos identificado como la parte que nos falta. Aunque este origen de la pareja es mitológico, sin embargo, se basa en la intuición de un movimiento propio del alma de cada persona en busca de su otra mitad. Lo que hace que la pareja se desintegre en la construcción social única de nuestro mundo no es tanto que perpetuemos este mito buscando unirnos con el ser del que hemos sido separados por los dioses, como intentar encontrar una pareja a toda costa, y no por un deseo de fusión de almas, sino por responder al mandato social de vivir juntos y por miedo a la soledad. La búsqueda de la otra mitad no significa la búsqueda de cualquier pareja que pueda ayudarnos a dejar de estar solos.

Por tanto, el mal uso de la búsqueda original de la otra mitad no significa que la pareja sea una institución obsoleta. El deseo de reunir nuestra alma con la de la persona amada es una dimensión preciosa de la existencia que nos permite vislumbrar la posibilidad de la eternidad.

¿PODEMOS HUIR DE LOS CELOS?

Nadie declara con orgullo que es celoso. Es un sentimiento vergonzoso, que equivale a indicar públicamente que te falta confianza —en ti mismo, en tu pareja— y que te sientes amenazado. Lo admitimos con la almohada: «Esta noche te he visto hablando con ella, he notado que hay algo entre vosotros». Aquellos que son víctimas de los celos de su pareja pueden cambiar de comportamiento —por ejemplo, dejar de ir al cine a solas con un(a) amigo(a)— y, por tanto, sentirse limitados en su libertad. Algunos, sin embargo, presentan los celos como prueba de amor: «Si estoy celoso, comprenderás que es porque te amo. ¡Tengo tanto miedo a perderte!». ¿Mienten aquellos que dicen no ser celosos o confían realmente en su pareja? ¿Podemos huir de los celos?

Los celos se distinguen de la envidia: el primero corresponde al miedo a perder lo que uno ya tiene; el segundo consiste en desear lo que otro posee: el éxito, la belleza, el amor. Pero incluso cuando los celos provienen del miedo a quedarnos sin la persona que amamos —a que comparta con otra lo que imaginamos que solo nosotros conocemos— también comenzamos a odiarla a medida que crecen nuestros celos. Cuando un progenitor está celoso del otro, al que considera que los hijos quieren más, está culpando tanto al progenitor rival como al hijo, que le está privando de una relación privilegiada.

> Si alguien imagina que la cosa amada liga otro a ella con un vínculo igual o más estrecho que aquel con que él solo la poseía, será afectado de odio hacia la misma cosa amada y de envidia hacia ese otro.
>
> BARUCH SPINOZA, *ÉTICA DEMOSTRADA SEGÚN EL ORDEN GEOMÉTRICO*, 1677

En su *Ética*, Spinoza explica que los celos nos hacen odiar a la persona que amamos y a envidiar a la que ahora tiene su favor. Por tanto, los celos y la envidia van de la mano, es decir, tenemos celos de que la persona que amamos ofrezca algo a otra que estaba reservado para mí, y envidio a esa otra persona que es objeto del deseo de la que amo. Lo que envidiamos en la persona que imaginamos que nos ha reemplazado es la alegría que siente por haberse convertido en objeto del deseo del otro. Nosotros mismos sentimos cómo nos enriquecíamos con esa alegría, en unión con el otro, y si ahora lo odiamos es porque nos imaginamos que ya no nos desea en exclusiva y, por tanto, nos priva de la felicidad que habíamos conocido, nos quita lo que nos había dado. También lo odiamos por ofrecer la alegría de ser deseado a alguien a quien detestamos —Spinoza lo denomina «el rival»— y por obligarnos a asociar idealmente la imagen del ser amado con la del rival, el objeto de nuestro odio.

Así, los celos nacen de la alegría: «Cuanto mayor es el amor con que alguien imagina que la cosa amada está afectada hacia él, más se gloriará, esto es, se alegrará». Al igual que nos glorificamos en el amor recíproco, odiamos al otro cuando tememos perder ese amor. No podemos huir de los celos ni de la envidia, que es su corolario, pero podemos, cuando somos víctimas de esta triste pasión, recordar el mecanismo que produce en nosotros el odio tanto hacia el ser amado como hacia el rival.

¿DESEAR A ALGUIEN PRESUPONE COSIFICARLO?

Cuando deseo a alguien, se convierte en «objeto» en la medida en que es objeto de mi deseo. A primera vista, ya no es un sujeto. ¿Significa esto que se convierte en algo de lo que quiero disponer sin límites? Al mismo tiempo que lo convierto en objeto de mi deseo, puedo concederle el derecho de hacerme objeto suyo y, por tanto, ser sujeto de su deseo. ¿Es este consentimiento para que me convierta en objeto de deseo una concesión que hago a regañadientes? ¿Proviene el deseo de esta doble objetivación, de mí como objeto del deseo del otro, y del otro como objeto del mío? ¿Es esta doble cosificación una construcción social, un estereotipo que vemos en el cine?

Si el otro se convirtiera, simbólicamente, en una cosa para mí tan pronto como le deseara, ya no sería posible concebir el consentimiento en la relación mutua del deseo, que entonces no sería más que un equilibrio de poderes en el que cada uno querría desposeer al otro de su naturaleza de sujeto de deseo. Este consentimiento sería un tabú. Uno tendría que fingir en todo momento que no es más que un objeto, y el otro tendría que hacer lo mismo para salvar su deseo. ¿Pero, cómo explicar, entonces, el placer tan particular que sentimos cuando el objeto de nuestro deseo nos dice que nos desea?

> **La violencia del placer sexual no bastaría para explicar el lugar que ocupa la sexualidad en la vida humana y, por ejemplo, el fenómeno del erotismo, si la experiencia sexual no fuese como una vivencia, dada a todos y siempre accesible, de la condición humana en sus momentos más generales de autonomía y de dependencia.**
>
> MAURICE MERLEAU-PONTY, *FENOMENOLOGÍA DE LA PERCEPCIÓN*, 1945

Autonomía y dependencia: tal es la contradicción relacional que se manifiesta en el deseo y la relación sexual. En *Fenomenología de la percepción*, Maurice Merleau-Ponty explica que la sexualidad no ocuparía un lugar tan importante en nuestras vidas si solo nos proporcionara una experiencia de placer, incluso suponiendo que este placer fuera más intenso que cualquier otro. No nos complacería el erotismo, que es un aplazamiento del placer, si la única justificación de la sexualidad fuera el placer que experimentamos. En la sexualidad experimentamos la resolución de una imposibilidad lógica, la de la coexistencia entre autonomía y dependencia. Cada uno de los miembros de la pareja explora esta dualidad en el acto sexual.

La sexualidad nos da la oportunidad de conocer los dos extremos de la relación con el otro, nosotros como sujeto que cosifica al otro, nosotros como objeto cosificado por el otro. Lo que mata el deseo no es el consentimiento, sino hacer del deseo algo serio, considerarlo como un asunto importante. El consentimiento puede expresarse en la ligereza, la risa, la alegría; no es necesario convertirlo en un acto contractual. En otras palabras, si el otro es lógicamente un objeto de deseo cuando lo deseo, no es necesario que imagine que es algo que depende absolutamente de mí. Por el contrario, en la medida en que este objeto se me escapa y, por tanto, se niega a ser una cosa diciéndome, «yo también te deseo», continúo deseándolo.

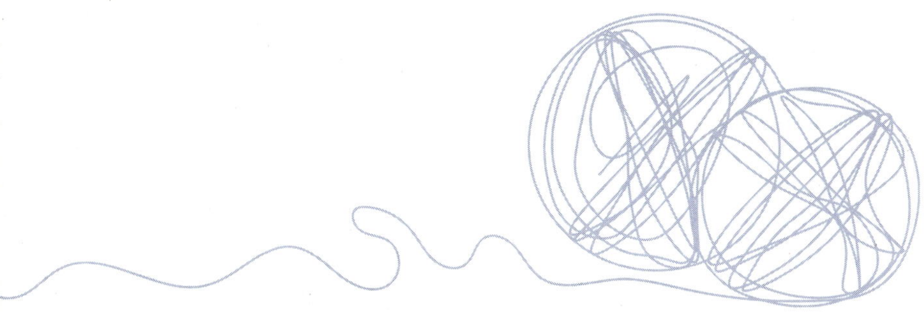

¿POR QUÉ HABLAMOS TANTO PARA NO DECIR NADA?

Estar tumbado en la cama tiene un efecto misterioso sobre nuestra forma de hablar: comenzamos a decir algo muy diferente de lo que estábamos comentando en el salón. Parece que solo empezáramos a hablar de lo que nos importa unos minutos antes de dormirnos; y a veces, esto ni siquiera llega a suceder, pues nos dormimos inmediatamente después de haber puesto el despertador para el día siguiente. ¿Significa esto que solo podemos hablar de cosas nimias el resto del tiempo?

Las palabras parecen servir como remedio para la ansiedad que produce el silencio: en el ascensor, comentamos el tiempo con el vecino; en una cena, cuando se escucha el sonido de los cubiertos cortando lo que hay en el plato, todos los invitados buscan urgentemente algo que decir. Pero no se nos ocurre ninguna idea interesante. Las palabras que se pronuncian entonces son más un ruido que una palabra real, es puro parloteo; son cosas que entran por los oídos pero que no son más que la repetición de cosas ya oídas en otra parte. ¿Esta manía de llenar los silencios nos impide hablar de verdad? ¿Por qué lo hacemos tan a menudo para no decir nada?

> ¿Qué son estas palabras que se aprisionan en mis labios y quieren salir a la fuerza? ¿A dónde pretende ir mi lengua? ¿Qué ganaré hablando? ¿Qué perderé si me quedo callado? La palabra no debe ser como una carga abrumadora de la que uno quiere desprenderse, pues subsiste todavía incluso cuando se pronuncia. ¿Qué se proponen los hombres cuando hablan? Hablan por sí mismos o porque necesitan algo, o bien porque desean ser útiles a los que los escuchan, o finalmente para procurarse un placer mutuo y sazonar con la conversación, como con una sal agradable, los momentos que se ven obligados a pasar en una vivienda u ocupación común. Pero si lo que se va a decir no es útil para el que habla, ni necesario para el que escucha, si no hay encanto ni placer, ¿de qué sirve hablar? También se encuentran la frivolidad y el vacío en palabras y hechos.
>
> PLUTARCO, «SOBRE LA CHARLA», SIGLOS I-II

El discurso es una «carga abrumadora» en la vida cotidiana. En clase, los estudiantes hacen preguntas que no pueden aguantarse, no porque realmente quieran conocer la respuesta, sino porque el esfuerzo requerido para contener su pregunta parece insuperable. En las discusiones cotidianas todos somos, a veces, los charlatanes a los que se refiere Plutarco: en ciertos momentos hablamos para aliviarnos más que para decir algo que hay que poner en palabras y transmitir a otra persona.

Según Plutarco, este reflejo de hablar siempre para deshacernos de lo que nos molesta «nos impide escuchar»; es una «sordera voluntaria», que es una protesta «contra la naturaleza, que nos ha dado una sola lengua al mismo tiempo que nos ha proporcionado dos oídos». Enfadados porque no tenemos dos lenguas, manejamos mal la única que poseemos. ¿Es posible que en el dormitorio, quizás porque el silencio ya no resulta aterrador, dejemos de sentirnos obligados a hablar para no decir nada? Puesto que el habla es una respuesta a la angustia del vacío, solo se puede hablar de lo que no importa, pues no estamos motivados por el deseo de decir, sino por la urgencia de hacer ruido.

Esto es la charlatanería: un ruido que sale de nuestra boca y que, incluso cuando transmite información —«mañana va a llover»—, no dice nada importante. ¿Y si tratásemos de escuchar en lugar de hablar en otras estancias que no sean el dormitorio? ¿Y si permitimos la posibilidad de que surjan palabras que realmente cuenten?

¿SOMOS CAPACES DE PERDONAR?

El perdón no es una cuestión de preferir queso o postre. Se formula en la intimidad del dormitorio, donde, tras un silencio, se puede decir: «Me equivoqué». El perdón requiere un esfuerzo por parte del agraviado. ¿Ahora bien, por qué hemos de perdonar al otro cuando nos ha hecho daño? No solo hemos sufrido por él, sino que, al perdonarlo, ni siquiera tenemos el consuelo de hacerle sufrir a cambio. Y, no obstante, perdonamos. Primero, porque si no lo hacemos, la relación se acaba. Si exigimos fidelidad a la persona con la que vivimos, si esta nos engaña y no la perdonamos, ¿cómo podremos seguir viviendo con ella? Por supuesto, algunos dicen: «Perdono, pero no olvido». Parece difícil, sin embargo, ver qué significado podría tener esto: si perdono, la absolución significa que olvido el mal; si pretendo no olvidar, no he perdonado realmente.

Más allá del esfuerzo que requiere, el perdón plantea un problema lógico: cuando la otra persona me lo pide, si lo que ha hecho es de naturaleza perdonable, no necesito hacerlo realmente; si es imperdonable, no está claro cómo podría encontrar la manera de perdonar lo que no se puede perdonar. ¿No hay más perdón que lo imperdonable? ¿Cómo superar este problema lógico en la vida cotidiana?

> Lo inexcusable puede ser perdonable, aunque no lo sea. Lo excusable es *a fortiori* perdonable, pero no necesita ser perdonado, ya que la excusa racional es suficiente para demostrar su inocencia: gastaríamos nuestro agradecimiento en un puro desperdicio. Por otro lado, lo inexcusable no puede encontrar un abogado que lo defienda, necesita el perdón. Por tanto, si todo es excusable para la excusa, todo es perdonable para el perdón excepto, por supuesto, lo imperdonable, admitiendo que exista un crimen imperdonable, es decir, infame, imposible de perdonar.
>
> VLADÍMIR JANKÉLÉVITCH, *EL PERDÓN*, 1967

En *El perdón*, Vladímir Jankélévitch distingue entre disculpa y perdón: disculpamos lo que comprendemos, mientras que el perdón supone absolver sin poder comprender la falta del otro. Esto podría explicar por qué se ofrecen disculpas mientras se pide perdón. Solo es posible perdonar cuando no podemos ponernos en el lugar de la otra persona para entender lo que nos ha hecho. Perdonar al otro significa que aceptamos olvidar la falta, aunque seamos incapaces de entender qué le llevó a actuar de esta manera. Si retomamos nuestro ejemplo, perdonaríamos la infidelidad cuando somos incapaces de imaginar, en lugar de la otra persona, qué pudo llevarle a engañarnos. «Yo no habría actuado así», pero yo no estaba en su lugar y si quiero que la relación continúe, como no podemos poner excusas, solo nos queda el perdón, que borrará la falta cometida.

Pero ¿cómo borrar la falta que tanto dolió? Jankélévitch nos dice que el amor es el que permite el perdón: porque amo, puedo absolver. Si estoy lleno de amor propio y no puedo darle mi amor a la otra persona, no puedo perdonarla. Lo excusable es siempre perdonable; por lo demás, se necesita amor para perdonar lo que no comprendemos y que, sin embargo, debemos olvidar para librarnos del peso del resentimiento.

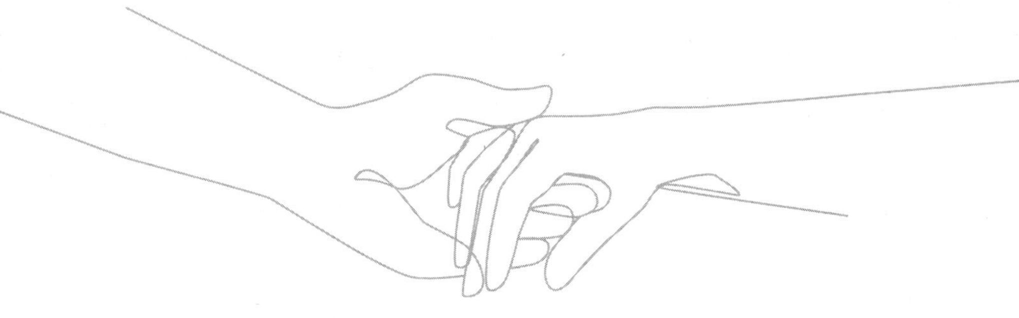

¿QUÉ HACER CUANDO NO SE PUEDE DORMIR?

Hasta que no experimentamos el insomnio no podemos decir que hemos conocido realmente la noche. Esta no es el cielo negro o estrellado que contemplamos en verano, descansando sobre la hierba, es decir, un espectáculo nocturno tan pleno como el día. La noche de los insomnes es una noche interior. Abrimos los ojos y es como si estuvieran cerrados. Este insomnio puede aparecer en cualquier momento de la vida. No existe una cura milagrosa, pero sí hay pautas que nos impiden conciliar el sueño. Las recetas contra el insomnio, como la meditación o las técnicas de respiración, no siempre impiden pensar en el día siguiente, tener miedo, visualizar nuestra alma disolviéndose en el sueño o temer que nunca más volveremos a despertar.

Mantenerse ocupado hasta el punto de la extenuación o tratar de no pensar en nada son dos estrategias comunes para tratar de conciliar el sueño, pero la mayoría de las veces resultan ineficaces. ¿Y si, en lugar de esto, tratáramos de comprender qué es lo metafísicamente terrible de despertarse a una hora en que todo el mundo duerme?

> “El exterior [...] permanece sin correlación con el interior. Ya no nos es dado. Ya no es un mundo. Lo que se llama el yo está sumergido en la noche, invadido, despersonalizado, asfixiado por ella. La desaparición de todas las cosas y la desaparición del yo nos devuelven a lo que no puede desaparecer, al hecho mismo del ser en el que participamos, quiérase o no, sin haber tomado la iniciativa, anónimamente.
>
> EMMANUEL LEVINAS, *DE LA EXISTENCIA AL EXISTENTE*, 1947

Cuando estamos en el dormitorio, con los ojos abiertos en la noche, experimentamos «la vigilancia [...] absolutamente vacía de objetos», como escribe Levinas en *De la existencia al existente*. Estamos completamente despiertos y no logramos descansar en esa pasividad. Estamos atentos, vigilantes, pero nuestra atención no encuentra nada en lo que detenerse. En medio de la noche, ya no somos sujetos pensantes, porque no hay objetos para el pensamiento: es «la noche misma la que está vigilando». Solo queda el «hay», al que no podemos no dirigir nuestra atención. Es una experiencia de anonimato y disolución del yo. Cuando por la noche pensamos en el día que nos espera, tratamos de escapar del aterrador vacío de la noche, por eso no nos sirve de nada pensar que la solución es no pensar. La nada es aún peor que la ansiedad del mañana.

Después de un período de insomnio, la mayoría de nosotros terminamos volviendo a dormir, y así la vida es más ligera, las mañanas menos inciertas. ¿Y para los demás? Comprender con Levinas, que lo que nos aterra es la ausencia del mundo y de uno mismo, ya es un primer paso hacia el sueño. Al menos no intentaremos encontrarlo «vaciando la mente» o «no pensando en nada»: porque en este vacío es donde reside el vértigo. La conciencia, con su poder de hacernos dormir, nos saca cada noche de la desaparición del yo.

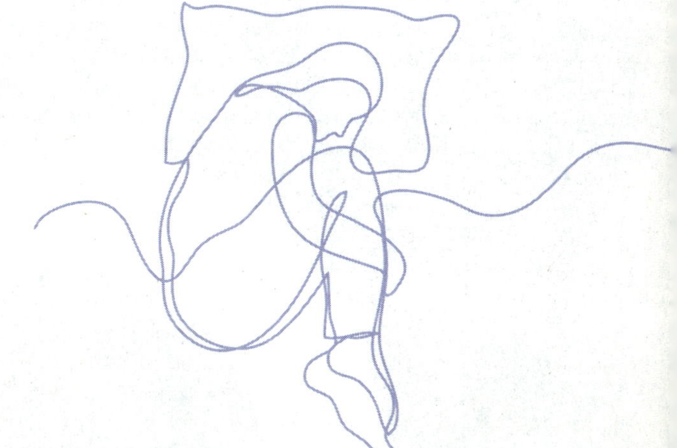

EL MUNDO EXTERIOR

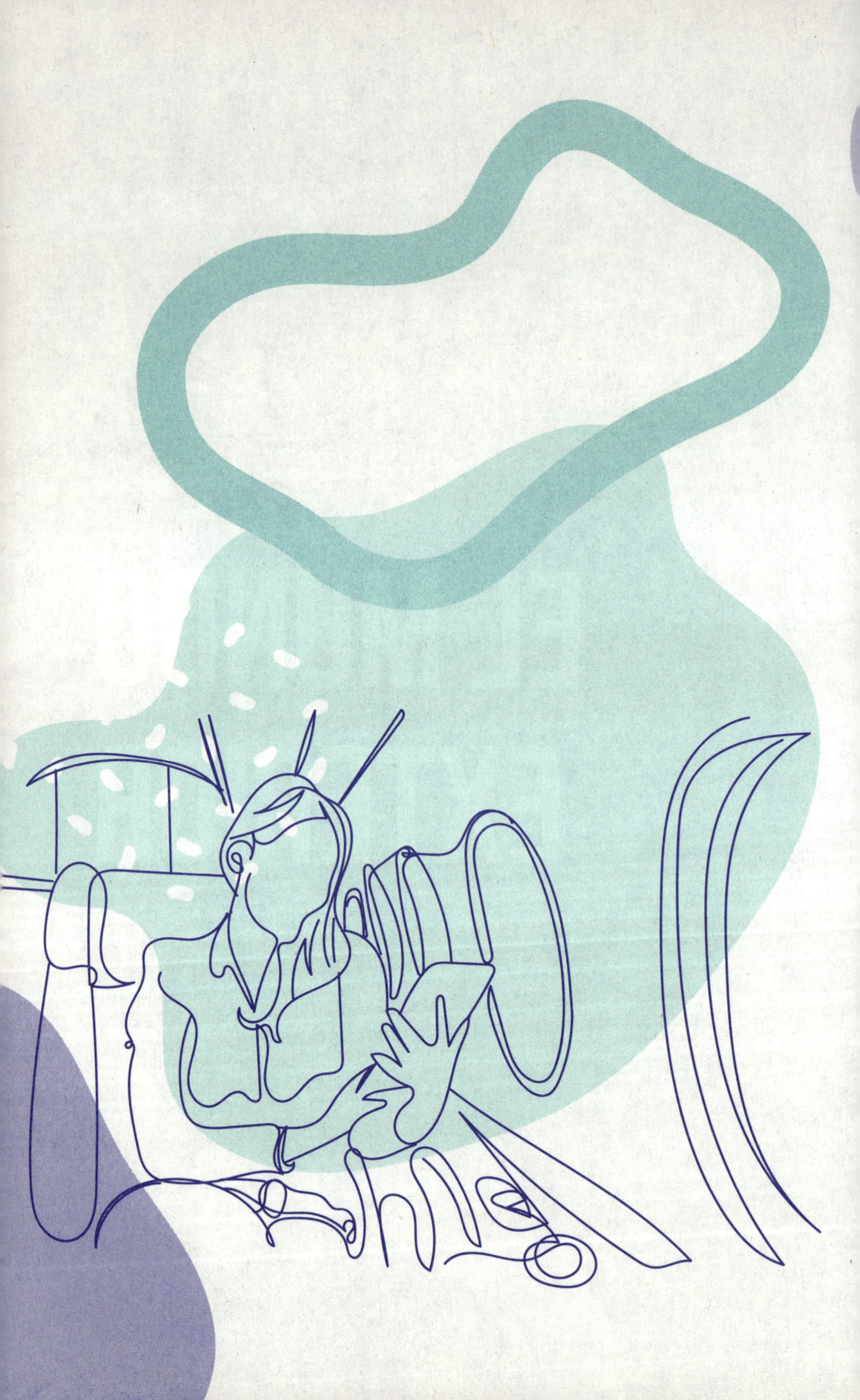

EL TRANSPORTE

El transporte nos lleva del interior al exterior. Nos sumergimos en él al salir de casa para volver a salir a kilómetros de distancia. Conecta en nuestra imaginación lugares que, sin embargo, no están cercanos.

En el transporte público nos encontramos con lo peor de vivir en sociedad; puede incluso desanimarnos a usarlo: groserías, insultos, robos, agresiones, prisas, ruido, suciedad, ratas.

¿Cuál es la experiencia específica que tenemos en el transporte público? ¿Por qué nos molestan tanto los que nos rodean? ¿Cuál es nuestra relación con el tiempo en este mundo intermedio?

¿POR QUÉ LA ESPERA SIEMPRE DURA DEMASIADO?

Desde el momento en que esperamos, el tiempo se alarga. Por supuesto, se trata de una experiencia habitual: si me divierto, el tiempo vuela; si me aburro, pasa muy lentamente. Pero el aburrimiento del que no se espera nada no es comparable al de aguardar en una cola en el supermercado o al de los resultados de un examen. Cuando llega el objeto esperado, cuando por fin nos toca, nos decimos: «Un minuto más y me habría ido». Ahora bien, la sensación de que era insoportable justo cuando dejamos de esperar se repite una y otra vez, por mucho que dure la espera, como si esta fuera siempre demasiado larga, y como si la liberación de la espera llegara siempre justo antes del punto de ruptura.

¿Por qué es tan intolerable la espera? Para no tener que esperar, podríamos ocuparnos en algo como si no aguardásemos nada. Lo sabemos, el tiempo vuela si no vemos transcurrir los minutos. ¿Entonces, por qué no podemos evitar mirar hacia la carretera buscando la silueta del autobús? ¿Podemos olvidar que estamos esperando cuando lo estamos haciendo?

> **Dondequiera que haya expectativa, hay transferencia: dependo de una presencia que es compartida y que tarda en darse a sí misma, como si se tratara de hacer caer mi deseo, de cansar mi necesidad. Hacer esperar: la prerrogativa constante de todo poder, este pasatiempo milenario de la humanidad.**
>
> **ROLAND BARTHES, *FRAGMENTOS DE UN DISCURSO AMOROSO*, 1977**

Cualquier espera podría compararse con la del ser amado por su amante, como lo describe Roland Barthes en *Fragmentos de un discurso amoroso:* la espera sería una separación intolerable, tanto más difícil por el temor de que el futuro supuestamente cierto —la llegada del ser amado— no se haga realidad. Lo mismo ocurre con el autobús: lo que me impide olvidar que estoy esperando es que hay una promesa, la de la llegada del autobús, y que temo que esa promesa no se cumpla. La espera recuerda lo que «se tarda en dar»: me molesta ese autobús que se me niega y me hace esperar. Al final, si la espera es insoportable, es porque en ella experimentamos la indisponibilidad del mundo para nosotros. El ser querido está presente en otro lugar, tal vez para otra persona; el autobús se detiene en una parada diferente donde otros pasajeros sienten el alivio de subir; otro cliente está pagando en la caja. ¿Y yo? Espero.

No importa lo que estemos esperando, la frustración de la experiencia es siempre del mismo orden, es un rechazo del mundo a responder a mi deseo o, peor aún, una perversidad del tiempo que se alarga para hacerme languidecer. No es «continuamente violento», escribe Barthes, pero «golpea» al mundo que me rodea con la «irrealidad». Solo podemos pensar en la parte del mundo que aún no existe para nosotros y que nos dice: «Paciencia, pronto estaré ahí para ti, siempre que me esperes». Al esperar, atribuimos al mundo una intencionalidad: la de negarse a cumplir nuestros deseos de inmediato. Entonces, nos sentimos como un niño(a) que depende de los demás para sobrevivir y esta sumisión, experimentada como una amenaza para la vida, se nos hace insoportable.

¿DEBERÍAMOS HACER UNA SOLA COSA A LA VEZ?

Tenemos el reflejo de compensar cualquier actividad desagradable con otra: usamos el móvil en el metro, corremos en la cinta mientras vemos una serie, cocinamos mientras escuchamos un pódcast. Esto se ha vuelto tan común que ahora resulta extraño simplemente mirar a la calle cuando vamos en el autobús. Lo más sorprendente es que incluso las actividades agradables también deben ser aumentadas por una segunda actividad simultánea. ¿Por qué, por ejemplo, vemos una serie mientras cenamos? ¿Comer no nos da suficiente satisfacción?

Si este reflejo de entretenernos, de desviarnos de la tarea inicial —por ejemplo, escuchar música mientras limpiamos—, no resulta sorprendente por las limitaciones de la vida cotidiana, es más difícil de entender por qué no nos dedicamos exclusivamente a las actividades que hemos elegido. ¿Es un mal querer estar en diferentes lugares al mismo tiempo? ¿Debemos abstenernos de realizar varias actividades a la vez para «disfrutar la vida»?*.

> Considero el primer indicio de un espíritu equilibrado poder mantenerse firme y morar en sí. Mas evita este escollo: que la lectura de muchos autores y de toda clase de obras denote en ti una cierta fluctuación e inestabilidad. Es conveniente ocuparse y nutrirse de algunos grandes escritores, si queremos obtener algún fruto que permanezca firmemente en el alma. No está en ningún lugar quien está en todas partes. A los que pasan la vida en viajes les acontece esto: que tienen múltiples alojamientos y ningunas amistades. Es necesario que acaezca otro tanto a aquellos que no se aplican al trato familiar de ingenio alguno, sino que los manejan todos al vuelo y con precipitación.
>
> SÉNECA, *EPÍSTOLAS MORALES A LUCILIO*, SIGLO I

«No está en ningún lugar quien está en todas partes», escribió Séneca a Lucilio. Cuando hacemos diversas cosas al mismo tiempo,

---

* Véanse las págs. 44-45.

estamos ausentes de lo que estamos haciendo y de nosotros mismos. En lugar de elegir unas pocas actividades, queremos hacerlas todas. Esto nos obliga a dedicarnos a la vez a varias de ellas y, finalmente, a no vivir ninguna. ¿Cómo pueden curarnos estas actividades simultáneas de lo que se conoce como «FOMO», *Fear Of Missing Out* (el miedo a perderte algo)? Al dedicarnos a varias actividades nos «las perdemos» todas. Esto no significa que tengamos que renunciar a cosas diferentes. En lugar de intentar hacerlas todas a la vez, podemos preferir vivencias sucesivas, espaciadas a intervalos en los que asimilemos las experiencias vividas, de forma que podamos estar presentes en cada una de ellas.

Publicar un vídeo de una actividad en las redes sociales en el momento que la estamos viviendo es perder la oportunidad de profundizar en el vínculo de amistad con las personas con las que compartimos esta actividad, en beneficio de los espectadores del vídeo que, para nosotros, siempre serán meros «invitados» en el mejor de los casos, pero jamás amigos. Coger el autobús mientras se escucha un pódcast es perderse la oportunidad de observar el paso de las estaciones en los paisajes que vemos por la ventana o perderse un momento para estar en silencio con uno mismo, sin recibir ninguna información, ningún texto, ninguna imagen, nada que nos distraiga de ese silencio elegido.

¿POR QUÉ ESCUCHAMOS LAS CONVERSACIONES DE LOS DEMÁS?

No podemos evitarlo, si alguien está hablando por teléfono, incluso en voz baja, comenzamos a escuchar lo que dice. Una vez que se empieza a prestar atención a una conversación, no se logra perder el interés en ella tan fácilmente. Queremos saberlo todo sobre esa mujer que afirma que planea abrir una residencia de ancianos para alojar a todos sus familiares, sobre ese padre que está preocupado por si su hija debe ir o no al instituto del barrio, sobre esa adolescente que dice que el próximo año, seguro, se marchará a París. ¿Por qué sentimos tanta curiosidad por cosas que, en realidad, no nos conciernen?

A menudo nos quejamos de que hemos perdido la capacidad de atención que teníamos en la escuela. Y, sin embargo, en ese momento de curiosidad, ¡nuestra atención parece gozar de perfecta salud! Debemos distinguir, como hace Émile Durkheim en su Curso de filosofía en el Liceo de Sens, entre la atención, que es la disposición voluntaria de la mente, y la distracción, que impide la capacidad de dirigir nuestra atención a un objeto. Nuestra reacción instantánea a las notificaciones no es una prueba de nuestra capacidad de atención, sino una señal de nuestra permeabilidad a la distracción. Del mismo modo, la historia que nos cuenta un desconocido en el autobús también es una distracción.

> Muy a menudo se confunde la atención con un tipo de esfuerzo muscular. Si se dice a los alumnos: «Ahora, vais a prestar atención», los vemos fruncir las cejas, contener la respiración, contraer los músculos. Si pasados un par de minutos se les pregunta a qué están prestando atención, no serán capaces de responder. No han prestado atención a nada. Simplemente, no han prestado atención, han contraído los músculos.
>
> SIMONE WEIL, *A LA ESPERA DE DIOS*, 1942

Nos entrenamos muy poco para «[realmente] prestar atención», y más cuando nos acostumbramos a reaccionar siempre a las distracciones. ¿Por qué debería sorprendernos, entonces, que escuchemos las conversaciones a nuestro alrededor? El rostro de la persona que usa su móvil puede hacernos creer que está prestando mucha atención al juego que está jugando, «frunciendo las cejas», como lo describe Simone Weil, pero en realidad esa rigidez muscular, esa concentración aparente, no es una forma de atención. Para poder trabajarla, se supone que hay que dirigirse al objeto al que se presta atención sin que este haya hecho nada por ello —a diferencia de los videojuegos, con su ritmo intenso, que son una distracción—. Mientras leemos este párrafo, nos concentramos en el texto, en el sentido de que luchamos en todo momento por permanecer en estas palabras más que en los estímulos del mundo y las conversaciones del entorno. No hay nada en el texto que nos distraiga. Escribir no exige distracción, sino atención.

Las conversaciones nos atraen porque somos curiosos, y lo somos por cosas que no nos conciernen, como los cotilleos, y tenemos curiosidad por aprender. La razón por la que es tan difícil resistirse es que la atención necesita ejercicio, y la práctica constante de la distracción nos hace cada vez más sensibles a esos estímulos externos, por poco interesantes que sean. Por tanto, la atención es una habilidad decisiva que debemos entrenar si deseamos mantener el control del tiempo.

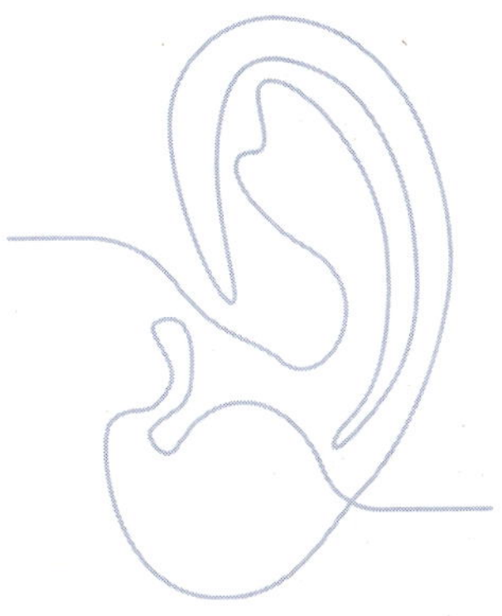

¿LA VIGILANCIA PUEDE LIBRARNOS DE LA NECESIDAD DE CASTIGAR?

En el transporte las cámaras están presentes en todos los pasillos. Vigilan, graban y disuaden. Esta vigilancia está legitimada por la seguridad que esperamos conseguir mediante este sistema. En la vida privada, hacemos lo mismo: vigilamos a nuestros hijos para asegurarnos de que no se salten las normas; a nuestro cónyuge para evitar que nos engañe, etc. Ahora bien, si solo la vigilancia impide el mal, ¿debemos considerar como perfectamente inocente a alguien que, de no haber sabido que estaba siendo observado, habría cometido ese mal? ¿No es aterrador imaginar que solo porque vigilamos a la niñera, esta no roba nada de casa? ¿Por qué preferimos imponer la vigilancia a todo el mundo en lugar de castigar solo a los culpables?

A primera vista, si la vigilancia impide el mal, parece deseable preferirla al castigo, porque evita que haya que corregir un mal. Si vigilo a un alumno y consigo que no copie, no necesito lidiar con las consecuencias de su trampa, castigarlo y hacer que vuelva a realizar el examen. Esta supervisión también lo protege de una posible exclusión. ¿Pero, la obsesión por la previsión no genera a su vez desconfianza? ¿Si adquirimos el hábito de la vigilancia, no acabaremos por no poder prescindir de ella y querremos hacerlo siempre más y mejor? ¿Incluso si la vigilancia fuera permanente, no terminaríamos entrando en la cabeza de quienes vigilamos para leer sus posibles pensamientos de culpabilidad?

> **Estar incesantemente bajo la mirada de un inspector es perder en efecto el poder de hacer el mal, y casi el pensamiento mismo de intentarlo.**
>
> JEREMY BENTHAM, *PANÓPTICO*, 1791

En *Panóptico*, Jeremy Bentham propone liberarnos del castigo, la tortura y el crimen mediante un sistema de vigilancia impecable: bastaría con diseñar prisiones con una torre central de vigilancia y, a su alrededor, un edificio circular donde vivieran los presos. Esta «casa de penitencia» se llamaría panóptico, porque ofrece a los inspectores una vista completa de las celdas, sin puntos ciegos.

La vigilancia permanente haría algo más que prevenir el crimen: gracias al hábito que produciría en los prisioneros por el hecho de sentirse vigilados, eliminaría en ellos la voluntad misma de hacer el mal. De hecho, la disposición de la torre sería tal que los reclusos no podrían determinar si están siendo observados o no en un momento dado. Así, «aunque el inspector esté ausente, la opinión de su presencia es tan eficaz como su presencia misma». Esta propuesta arquitectónica podría asimilarse a la vigilancia digital. En Internet estamos potencialmente siempre bajo la mirada de la empresa que presta el servicio que utilizamos, al mismo tiempo que nos sentimos anónimos y todopoderosos porque estamos ocultos tras un seudónimo.

Sin ser conscientes de ello, este modelo de panóptico parece haber cambiado nuestra relación con la delincuencia, incluso fuera de las cárceles. La vigilancia es la respuesta a cualquier problema o delito, pero puede conducir a profecías autocumplidas. De hecho, cuando se basa en el supuesto de que hay individuos con predisposición a delinquir, a los que se identifican como «a vigilar», la idea de la falta puede surgir en estas personas como resultado de la propia supervisión. Porque sabemos que nos vigilan, porque nos han dicho que vamos a hacer algo, puede que queramos hacerlo. Si la vigilancia puede inspirar la idea del delito, y si algunas de estas ideas escaparan necesariamente de la vigilancia, ¿no existe el riesgo de que, al final, estemos alimentando el mismo fenómeno que nos proponemos combatir?

¿POR QUÉ NOS VOLVEMOS TAN DEPENDIENTES DE LA TECNOLOGÍA?

Incluso en una ciudad conocida, la tentación de usar el GPS para optimizar un trayecto es grande. Las aplicaciones de transporte público recomiendan la mejor salida según el destino final, la mejor combinación de autobuses dependiendo de la hora del día, la ruta más rápida o aquella que no hará caminar menos. Cada cual puede encontrar su camino en función del criterio de optimización que considere importante. Una vez que la opción está ahí, es difícil renunciar a ella. Parece que no hay razón para no aprovechar al máximo nuestra vida cotidiana.

Sin embargo, aunque el uso de la tecnología nos ahorra tiempo, no nos deja indiferentes, cuanto más usamos el GPS, menos desarrollamos nuestro sentido de la orientación y más obligados estamos a seguir utilizándolo. Si le pedimos al navegador que calcule la mejor ruta, no aprendemos nada del mapa de la ciudad en cada trayecto. Nos dejamos guiar, como si camináramos a ciegas del punto A al punto B. La primera razón de nuestra dependencia creciente de la tecnología es que nos impide desarrollar habilidades que habríamos adquirido en su ausencia.

> **Caemos en la tentación de creer que la vocación del hombre consiste en la progresión, en la superación perpetua de sí mismo, hacia cosas cada vez mayores, y el éxito de la máxima dominación sobre las cosas y sobre el hombre mismo parecería ser el cumplimiento de su vocación. [...] Si nada tiene tanto éxito como el éxito, nada te hace más cautivo que el éxito.**
>
> **HANS JONAS, *EL PRINCIPIO DE RESPONSABILIDAD*, 1979**

Según afirma Hans Jonas en *El principio de responsabilidad*, si nos hacemos dependientes de la tecnología y de los objetos producidos por ella con tanta rapidez es, sobre todo, porque «nada nos hace más cautivos que el éxito». Lo irresistible de un GPS es que no comete errores. Esta infalibilidad es la que nos hace preferir un

GPS en lugar de preguntar por una dirección en la calle; el transeúnte puede mostrarnos un camino erróneo, el GPS no. Sin embargo, el GPS no solo se equivoca, sino que también normaliza nuestro trayecto. Quizás prefiramos caminar un poco más, por una calle más tranquila, en vez de cruzar esa gran avenida. Y suponiendo que el GPS también tenga este criterio de elección, el problema no se resuelve porque utilizarlo supone entonces definir preferencias, que no estableceríamos si no necesitáramos rellenar criterios de optimización de la ruta en la aplicación.

En suma, como la tecnología funciona, nos volvemos rápidamente dependientes de ella. Sin embargo, esta dependencia empobrece nuestra experiencia del mundo. Dejamos de explorarlo debido a la optimización sistemática de nuestra relación con él. Estamos contentos de haber ahorrado cinco minutos de tiempo de viaje gracias al GPS, satisfechos de haber podido elegir la mejor habitación de hotel en esa ciudad, encantados de tener fotografías de alta calidad con una exposición perfecta, pero ¿al confiar todas estas tareas a las aplicaciones, no hemos abandonado una parte de nosotros mismos? ¿Es una buena vida una vida optimizada?

¿POR QUÉ TENEMOS LA SENSACIÓN DE LLEGAR SIEMPRE TARDE?

Siempre hay un motivo para sentir que llegamos tarde: la noticia que debías comunicarle a ese amigo, la tarea que tenías que terminar en el trabajo, el objetivo de entrenamiento en el gimnasio que te propusiste a principios de año. Regularmente tenemos la experiencia de no poder finalizar una tarea en el tiempo previsto, incluso cuando somos eficientes. Esta sensación de retraso puede impacientarnos, basta con que el metro o el autobús pasen un poco más tarde de lo previsto para que empecemos a mirar la hora con impaciencia cada pocos segundos. Ya es bastante malo que sintamos que llegamos tarde a tantas cosas, pero el retraso extra causado por el transporte nos irrita. ¿Por qué tenemos siempre la sensación de llegar tarde? ¿Es por miedo a hacer esperar a los demás? ¿Cómo podemos cambiar nuestra percepción para no tener siempre prisa?

Sentimos que continuamente llegamos tarde porque el mundo se está acelerando gracias a la tecnología, que nos permite realizar las tareas cotidianas con mayor rapidez. Hemos sustituido el correo en papel por los correos electrónicos, el caballo por el coche. Esta optimización debería liberar tiempo para otras tareas o para descansar. Pero no es eso lo que ocurre: el progreso técnico al tiempo que aumenta las posibilidades, también acelera el tiempo, es decir, que nos mete prisa. Aunque estemos rodeados de objetos que ahorran tiempo, nos sentimos cada vez más atrasados.

> **Las mismas técnicas que nos permiten ahorrar tiempo han multiplicado el número de opciones en el mundo: cuanto más veloces somos, nuestra participación en el mundo, es decir, la proporción de opciones realizadas y experiencias vividas en comparación con las que hemos perdido, no aumenta, sino que disminuye constantemente.**
>
> HARTMUT ROSA, *ALIENACIÓN Y ACELERACIÓN. HACIA UNA TEORÍA CRÍTICA DE LA TEMPORALIDAD EN LA MODERNIDAD*, 2010

Según Hartmut Rosa, una de las razones de nuestra «hambruna temporal» es que damos mayor valor a la vida en la Tierra que a la vida después de la muerte. Si no creemos en esta, tenemos que vivir aquí y ahora, y el tiempo se acaba. En *Alienación y aceleración*, el sociólogo explica que la tecnología «no es en sí misma la causa de la aceleración social». Es una «condición de posibilidad», porque nos permite realizar tareas más rápido que antes. Si el número de quehaceres siguiera siendo el mismo, la tecnología nos ahorraría tiempo de manera efectiva. Sin embargo, lo que estamos observando es que, por poner el ejemplo de los correos electrónicos, nuestra correspondencia ha aumentado tanto en la transición del papel a lo digital que ahora dedicamos más tiempo que antes a procesar mensajes, a pesar de que escribir un correo electrónico lleva menos tiempo que una carta.

Si siempre tenemos la sensación de llegar tarde es porque «el mundo, por desgracia, tiene más que ofrecer de lo que se puede experimentar en una sola vida». Esto era cierto incluso antes de la optimización tecnológica, pero la diferencia es que ahora somos conscientes de esta imposibilidad de disfrutar de todo lo que el mundo ofrece, aunque el mundo parezca ofrecérsenos por completo en Internet. En otras palabras, si tenemos la sensación de llegar tarde, no es en relación con la persona que nos espera, sino en relación con nosotros mismos. La solución propuesta por Hartmut Rosa es la «resonancia»: dejar que las cosas que nos rodean sean, no tratar de consumirlas a través de la experiencia. Si dejamos de creer que el mundo está totalmente disponible, no lamentaremos no haberlo agotado durante toda una vida. En su lugar, entablaremos una relación con el mundo del que formamos parte.

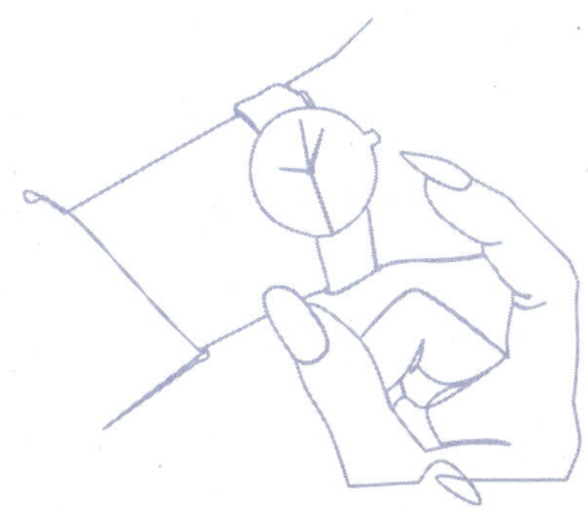

LA OFICINA

La oficina no es ni un lugar público ni un espacio privado. Allí tenemos nuestro sitio, algunas pertenencias o la cafetera, pero no es un hogar. Estamos de paso, obedecemos reglas que no hemos elegido, trabajamos con compañeros que ha contratado otra persona. La oficina, objeto de tantas críticas, parece estar en peligro de desaparición. ¿Estamos asistiendo a los últimos momentos de este espacio común donde se desarrollan las relaciones laborales?

En el trabajo, cuando la jornada parece no tener fin, nos preguntamos por qué estamos allí. ¿Es solo para ganar dinero? ¿Soñamos con una vida sin trabajar? ¿Qué significa tener éxito en la vida?

¿QUÉ SIGNIFICA TENER ÉXITO EN LA VIDA?

La oficina es el lugar donde, a veces, al final de una semana larga y sin sentido, nos asaltan dudas existenciales: «Tengo treinta años», nos decimos, «y no he conseguido nada en la vida». Sin embargo, esta observación se mantiene igual a los cuarenta. De hecho, nos decíamos lo mismo cuando teníamos veinte años. A principios de cada década, hacemos un balance, como si los años transcurridos entre cada lapso de tiempo no contaran para nada. ¿Qué esperábamos lograr que nos hemos perdido? ¿Qué significa tener éxito en la vida? ¿Es posible, en uno de estos puntos de inflexión, decirnos a nosotros mismos «tengo cincuenta años y estoy contento(a) con lo que he logrado»?

Hablamos de triunfar en la vida de forma genérica, como si ese éxito fuera el mismo para todos. Si bien este éxito genérico puede ser desalentador, también puede verse como una obligación de lograr lo que el destino ha planeado para nosotros. Ser exitoso en la vida sería no alterar nuestra naturaleza. «Tengo yo ahora lo que la común naturaleza quiere que tenga ahora, y hago lo que mi naturaleza quiere que ahora haga», escribe Marco Aurelio, filósofo y emperador estoico. La naturaleza de cada hombre es diferente, y esforzarnos por escoger un camino diferente al que está en nuestra naturaleza no sería tener éxito en la vida. Debemos esforzarnos en hacer lo que sabemos hacer, en lugar de quejarnos de que no podemos realizar lo que soñamos hacer, y que no está en nuestra naturaleza.

> **Dentro de poco, ceniza o esqueleto, y o bien un nombre o ni siquiera un nombre; y el nombre, un ruido y un eco. E incluso las cosas más estimadas en la vida son vacías, podridas, pequeñas, perritos que se muerden, niños que aman la riña, que ríen y al momento lloran.**
>
> MARCO AURELIO, *MEDITACIONES*, LIBRO V; 170-180

Tener éxito en la vida no es ser recordado. La fama, el reconocimiento, el «nombre», no valen nada. Somos mortales. Intentar escapar a nuestro destino haciéndonos inmortales en los pensamientos de los demás o en los libros es algo banal. Tener éxito en la vida es seguir la propia naturaleza, levantarse por la mañana «para hacer el trabajo del hombre», «para hacer aquella tarea que justifica mi existencia y para la cual he sido traído al mundo a cumplir», escribe Marco Aurelio. A veces, para tener éxito en la vida, se nos invita a superarnos a nosotros mismos, no a la manera de un estoico, que llegaría hasta el final del camino que le ha sido destinado, sino a la de una persona caprichosa que buscaría hacer algo diferente de lo que se suponía que debía hacer. Sin embargo, es precisamente en «nuestra» vida en la que debemos triunfar: renunciar a la vida a la que estamos destinados, optar por multiplicar las experiencias por miedo a perdernos una experiencia ineludible, tratar de optimizar nuestro tiempo según criterios genéricos es perdernos la vida o, al menos, dejarla pasar, es decir, perdernos a nosotros mismos.

A los veinte, a los cuarenta, a los setenta años podríamos preguntarnos: ¿Estoy haciendo todo lo que soy capaz de hacer, o he tomado mis decisiones por miedo a no tener éxito? ¿Mi ambición es lograr mi naturaleza o satisfacer mi necesidad de reconocimiento y mi deseo de inmortalidad? Para responder a estas cuestiones, podemos leer a Marco Aurelio y recordar que las aspiraciones que no están en consonancia con nuestra naturaleza nos llevan a la inconstancia —«reír y al momento llorar»— y a la frustración. Puede parecer obvio, pero es oportuno repetirlo: el éxito en la vida no se examina como si fuese una evaluación cada diez años, sino en cada momento, cuando nos preguntamos si estamos haciendo lo que está en nuestra naturaleza. Es entonces cuando comprenderemos que no hay tareas ingratas ni de poco valor.

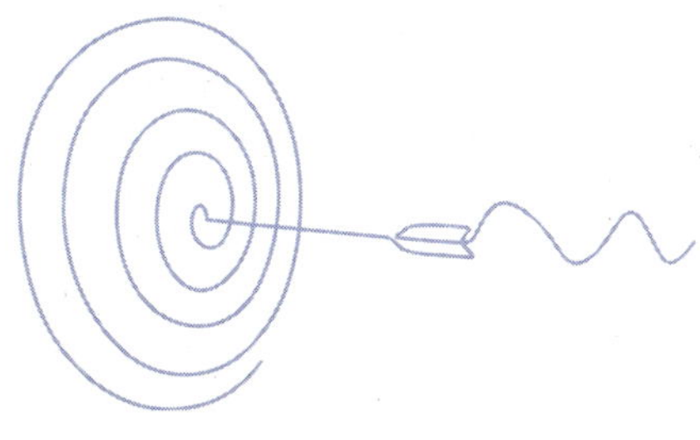

¿EL DINERO NO ES MÁS QUE UN MEDIO?

Solemos pensar en el dinero que recibimos a cambio de nuestro trabajo como una forma de poder comprar lo necesario para sobrevivir, pero también para satisfacer nuestros deseos. Por eso, los que sueñan con ser ricos sueñan con lo que podrían hacer con ese dinero. Ante la máquina de café, comentan lo que harían si ganasen la lotería: comprarles una casa a sus padres, invitar a su hermana a viajar por Asia, etc. Por supuesto, también les gustaría apoyar a asociaciones benéficas o participar en la protección del medio ambiente. Podemos imaginar que, si nos tocasen millones en la lotería, dejaríamos de trabajar y al fin podríamos dedicar nuestro tiempo libre a actividades de voluntariado. En suma, si queremos ser ricos, es para ser felices y hacer felices a los demás. Por tanto, el dinero no sería más que un medio para alcanzar un fin. Pero ¿estamos seguros de que no lo deseamos como un fin en sí mismo?

En *Filosofía del dinero,* Georg Simmel lo describe como «un medio absoluto»: en una sociedad donde todo tiene un precio, el dinero es el medio para obtener un objeto o un servicio. Sin embargo, aunque ya no acumulamos dinero bajo el colchón, al desaparecer el dinero físico, este pasa de ser un medio para conseguir algo a ser un fin en sí mismo. Cuando nos preguntan qué necesitaríamos para ser felices y, en lugar de hablar de lo que soñamos, respondemos inmediatamente «ser ricos», ¿no nos remitimos a nuestros propios sueños? ¿No estamos transfiriendo al dinero el deseo que tenemos por los objetos que el propio dinero nos permite adquirir?

> Esta cualidad del dinero, de ser objeto de la codicia final, tiende a crecer precisamente en la medida en que su valor como medio se hace cada vez más patente. [...] En la medida en que su valor aumenta como medio, aumenta su valor en tanto que medio y llega a alcanzar tal altura que opera como valor por antonomasia. [...] La polaridad inherente a la esencia del dinero reside en que, al mismo tiempo es el medio absoluto y, precisamente por ello, se convierte en el fin psicológico absoluto para la mayoría de los seres humanos.
>
> GEORG SIMMEL, *FILOSOFÍA DEL DINERO,* 1900

La sociedad entera, según Georg Simmel, es la garantía de que el dinero que tenemos o deseamos pueda ser intercambiado por un bien o un servicio; es una «letra de cambio» que podemos presentar a cualquiera. El dinero, que se ha convertido en un «medio absoluto», es una «garantía» de que podemos conseguir lo que sea. Aunque pensemos que solo lo valoramos por lo que nos permite obtener, terminamos amándolo por sí mismo. El dinero es posesión virtual. Es lo posible. En la medida en que no es una cosa, puede convertirse en todas. A diferencia del trueque, que supone que al otro individuo le interesa lo que tenemos, con el dinero nunca nos preguntamos si poseerlo nos será útil para futuros intercambios.

El dinero es la posibilidad de cualquier intercambio futuro. Como se ha convertido en un «medio absoluto», ha llegado a ser para nosotros un fin en sí mismo. Puesto que nos permite obtenerlo todo, nos olvidamos de convertir este medio en el fin que buscábamos. Pero si poseer una inmensa riqueza al final nunca se convierte en nada, el dinero ya no es un medio más que para sí mismo. ¿Hay una diferencia tan grande entre el intercambio de cartas de Pokémon en el patio de recreo de un colegio y los movimientos diarios de transferencias y adquisiciones por parte de los inversores? El dinero se ha establecido como un medio absoluto, como un intermediario práctico para el intercambio. Al transformarlo en un fin, olvidamos el propósito para el que lo buscamos.

¿ES DESEABLE SER OTRA PERSONA EN EL TRABAJO?

Para hacer bien el trabajo todo el mundo se pliega a las reglas del mundo profesional. Al comienzo de nuestra carrera estamos sujetos a órdenes, seguimos las instrucciones que nos dan. Aunque no estemos de acuerdo con ciertas decisiones que toman nuestros superiores, se nos exige que las acatemos. Sin embargo, estos mandatos nos obligan a desdoblar el ego. Pero a fuerza de disociarnos de nosotros mismos, ¿no corremos el riesgo de aceptar lo inaceptable? ¿Acabamos por dejar de reconocernos en nuestros actos?

Esta idea se desarrolla de forma radical en la serie *Separación*, donde los personajes se dividen entre su «exus», su personalidad fuera del trabajo, y su «intus», que es su yo profesional, con recuerdos que solo se refieren a esta parte de su vida. La empresa evita que la personalidad de los trabajadores sea única para combatir cualquier resistencia por su parte. Aunque es una ficción, esta disociación se observa parcialmente en algunos empleados: por ejemplo, podemos decir y pensar que somos *eco-friendly*, pero trabajamos para una empresa muy contaminante y en la que tratamos de rendir lo mejor posible. Para no sufrir disonancia cognitiva —es decir, incoherencia entre nuestras creencias y nuestros actos— nos convertimos en otra persona en el trabajo.

> **Incluso ustedes mismos se ven forzados a no ocuparse de ello. Solo les piden piezas, solo les dan «centavos».**
>
> SIMONE WEIL, *LA CONDICIÓN OBRERA*, 1936

La filósofa Simone Weil, que trabajó en una fábrica tras obtener el grado de Filosofía, intentó convencer a los obreros por medio de una carta de que se interesaran por su condición y hablaran de sus sufrimientos en el trabajo. Constataba —y estos estaban de acuerdo— que, por lo general, se veían «obligados» a no preocuparse por su propia condición, ya que el contrato de trabajo no abordaba esta dimensión existencial: era un acuerdo económico, el pago de un salario a cambio de la producción de «cosas». Este acuerdo disuade a los trabajadores de interesarse por cómo se sienten mientras realizan sus obligaciones laborales. Se hace todo lo posible para que se olviden del trabajo nada más salir de la fábrica. Y no solo se aplica al trabajo de una fábrica: ¿no está tentado todo el mundo a pensar en otra cosa en cuanto abandona su lugar de trabajo? Simone Weil describe este reflejo: «Cuando se está en este estado de ánimo, lo mejor que puede hacerse es descansar, charlar con los compañeros, leer cosas que distraigan, echar una partida de cartas, jugar con los niños». Ahora bien, si describiéramos nuestras propias condiciones de trabajo, podríamos resistirnos al reflejo natural de disociación que nos hace olvidarlas en cuanto salimos de la oficina.

¿Por qué deberíamos resistirnos a esta disociación aparentemente espontánea? Simone Weil no tenía el proyecto de transformar radicalmente la fábrica, pero esperaba que al describir lo que experimentaban todos en el trabajo se pudieran acercar al ideal: «Es necesario que los jefes comprendan cuál es exactamente el destino de los hombres que utilizan como mano de obra». Si no es deseable ser otra persona en el trabajo es porque al disociarnos del sufrimiento que nos puede causar, no pretendemos reducirlo. Disociarnos en el trabajo nos impide luchar por la mejora progresiva de las condiciones laborales, cuando esta lucha podría hacer posible que ya no necesitáramos separarnos de nosotros mismos.

¿QUÉ LES REPROCHAMOS A NUESTROS COMPAÑEROS DE TRABAJO?

Quien trabaje en una empresa grande y con buenos beneficios tendrá la oportunidad cada año de pasar unos días con los compañeros en algún lugar agradable con motivo de la convención anual. Bailamos, bebemos alcohol y contamos a varias personas lo que normalmente solo decimos a los amigos. Nos olvidamos de nuestro cónyuge por un momento para jugar al juego de la seducción con el colega que solo conocemos del trayecto en ascensor hasta la oficina. En ese momento es divertido, emocionante, tal vez incluso agradable; pero después nos preguntamos qué pudo llevarnos a hacer todo esto. Al fin y al cabo, en circunstancias normales, la mayoría de nuestros compañeros de trabajo nos molestan. Hay quienes dan consejos sobre cualquier asunto: tareas domésticas, pareja, dieta, etc. También hay quienes hablan sin parar de las proezas de su hija, que acaba de empezar a ir a la guardería; hay quienes hacen cursos de surf y que están en mejor forma física que nosotros a pesar de tener veinte años más, y, por último, están los que hablan de su semana de vacaciones con amigos, cuando nosotros llevamos años pasando ese periodo vacacional solos con nuestra familia. En suma, se jactan, nos provocan. Si pudiéramos elegir, nos gustaría prescindir de ese encuentro anual.

Pero ¿son realmente nuestros compañeros los que nos parecen insoportables o es solo el hecho de que no los hemos elegido? ¿Por qué esta misma sensación se repite en cada nueva empresa en la que empezamos a trabajar? En realidad, esta aversión podría provenir de la naturaleza de la propia empresa: una sociedad pequeña en la que, para mantener una distancia cómoda con los demás, los apartamos de manera regular. Se trata de la insociable sociabilidad de los hombres descrita por Kant e ilustrada por Schopenhauer gracias a la parábola de los puercoespines.

> **Un grupo de puercoespines se apiñaba en un frío día de invierno para evitar congelarse calentándose mutuamente. Sin embargo, pronto comenzaron a sentir unos las púas de otros, lo cual les hizo**

volver a alejarse. Cuando la necesidad de calentarse los llevó a acercarse otra vez, se repitió aquel segundo mal; de modo que anduvieron de acá para allá entre ambos sufrimientos hasta que encontraron una distancia mediana en la que pudieran resistir mejor. Así la necesidad de compañía, nacida del vacío y la monotonía del propio interior, impulsa a los hombres a unirse; pero sus muchas cualidades repugnantes, defectos insoportables, les vuelven a apartar unos de otros. La distancia intermedia que al final encuentran, en la cual es posible que se mantengan juntos, es la cortesía y las buenas costumbres.

ARTHUR SCHOPENHAUER, *PARERGA Y PARALIPÓMENA,* 1851 ”

Al igual que los puercoespines, necesitamos calor: nos acercamos, empezamos a charlar ante la máquina de café con nuestros compañeros, pero si se aproximan demasiado, entonces nuestras «púas» los espantan. La forma de mantenerlos alejados es, según Schopenhauer, la «cortesía» y las «buenas costumbres», es decir, no le pedimos al otro que se vaya sino que, con la amabilidad de nuestras palabras, lo mantenemos a distancia. La cortesía atestigua la ausencia de intimidad entre nosotros. Dicho de otro modo, al mismo tiempo que mantenemos a nuestros compañeros alejados, tenemos una «necesidad social» que nos impulsa a aproximarnos a ellos: con motivo de la convención de la empresa, lo hacemos, pero, al final, las «púas» nos protegen.

La distancia que establecemos con nuestros compañeros de trabajo nos permite sobrevivir en esta réplica en miniatura de la sociedad, donde compartimos un espacio con personas que no hemos elegido. Pero, en lugar de alejarlos mediante conflictos abiertos, nuestra estrategia diaria es la cortesía. «No, después de ti, por favor», le decimos a un compañero de trabajo cuando entramos por la puerta. Con esta frase inocua, le hacemos saber que somos compañeros, pero no amigos. La oficina es ese espacio en el que le decimos a la otra persona: «No soy quien crees que soy, y si te acercas demasiado, notarás mis púas».

¿POR QUÉ TENEMOS TANTO APEGO A LA OFICINA, INCLUSO CUANDO YA NO VAMOS POR ALLÍ?

Desde hace varios años, todos aquellos cuyo trabajo se lo ha permitido han tenido que montar un despacho en casa unos días a la semana. Este deseo de trabajar a distancia parece provenir de los propios empleados, que no quieren volver a la oficina a diario. Sin embargo, si solo una parte de ellos están presentes en el mismo edificio todos los días, la empresa puede intentar aprovechar esto para redimensionar la organización, asignando un puesto por persona, es decir, puede pasar al modelo de «trabajo flexible». En esta organización ya no hay un lugar de trabajo para cada uno en un espacio cuyo tamaño es insuficiente.

Esta desaparición del puesto de trabajo no está exenta de dificultades: lo ideal sería poder teletrabajar cuando se quisiera sin perder ese lugar. ¿Por qué estamos tan apegados al espacio propio de la oficina? ¿Por qué no es suficiente con tener un armario donde guardar nuestras cosas?

> El hombre ha de ir haciéndose no ya su vida, sino proseguir su no acabado nacimiento; ha de ir naciendo a lo largo de su vida, mas no en soledad, sino con la responsabilidad de ver y ser visto, de juzgar y ser juzgado, de tener que edificar un mundo en el que pueda quedar encerrado este ser prematuramente nacido, sin tiempo, sin libertad, y [...] entrar en el gran teatro del mundo sin saber tampoco su papel a representar. [...] Establecer el proceso de integración de la persona en su propio ser hasta llegar a la libertad, y el progresivo conocimiento de sí mismo, a la posesión del espacio interior.
>
> MARÍA ZAMBRANO, *EL SUEÑO CREADOR*, 1965

En *El sueño creador*, María Zambrano nos invita a conquistar nuestra libertad y nuestra identidad a través de los sueños, que es un espacio de posibilidades en el que nos liberamos de las ataduras ordinarias del tiempo. Nuestro apego, en la vida consciente y despierta, a la posesión de los espacios sobre los que construimos nuestra identidad podría provenir del hecho de que somos «prematuramente nacidos» y que depende de nosotros aprovecharlos al máximo para construir nuestro propio mundo. El apego a la oficina podría, por tanto, ser un consuelo de identidad que adquirimos a través del espacio exterior, a falta de haber conquistado un «espacio interior». Si la tarjeta de mi oficina dice que soy director de recursos humanos, me convierto en ese(a) director(a) en cuanto entro en el edificio. ¿Sin esa tarjeta, puedo seguir diciendo quién soy? La identidad, incluso provisional, estatutaria y parcial, nos sirve de punto de referencia. Cualquiera que pase al despacho nos toma por la persona que indica dicha tarjeta. Sin embargo, desde el momento en que ya no lo tengo, para ser director de recursos humanos debo demostrarlo con mis actos. El espacio que ocupamos ya no es suficiente para construir nuestra identidad: tenemos que ganarnos ese estatus.

Es posible que tengamos tanto apego al lugar de trabajo porque nos ofrece una identidad a bajo coste. Crearla uno mismo requiere más esfuerzo, y también podríamos fracasar a la hora de construir esa identidad profesional. Más allá del simbolismo estatutario que ofrece la oficina, el miedo que tenemos es existencial. ¿Qué hemos de hacer para forjar esa identidad que nos ofrece el espacio asignado en cuanto nos refugiamos en él? Tal vez podamos aprovechar este desapego forzado de la oficina para dejar de pensar que nuestro estatus define nuestra identidad. De este modo, tendríamos libertad para ser reconocidos por lo que hacemos y no solo por nuestro título laboral.

¿SERÍAMOS MÁS FELICES SIN TRABAJAR?

El lugar de trabajo no parece el sitio apropiado para encontrar la felicidad ni la plenitud, precisamente porque trabajamos allí. Nos convencemos de que, sin trabajo, seríamos mucho más felices. Sin embargo, incluso el oficio poco cualificado —un «trabajito»— puede considerarse gratificante. Dar clases particulares, por ejemplo, puede ser positivo para la autoestima si las calificaciones del estudiante mejoran como resultado de las lecciones que se han impartido. Ahora bien, desde nuestras primeras experiencias laborales, nos damos cuenta de que el dinero que recibimos a cambio de la tarea cumplida produce un placer especial, distinto del que podemos obtener en la realización de la tarea misma. La recompensa que recibimos da valor al trabajo realizado.

Muchos de nosotros aceptamos temporalmente los llamados trabajos «alimenticios», pero esperamos poder conciliar a largo plazo el interés personal y la remuneración en la misma ocupación, cuando se convierta en lo que llamamos un trabajo «de verdad». Si estudiamos, esperamos conseguir un trabajo al final de los estudios que no sea solo alimenticio. Sin embargo, parece que la combinación de interés personal y remuneración financiera está lejos de quedar garantizada. ¿El trabajo es siempre una limitación? ¿Seríamos más felices sin trabajar?

> **El trabajador tiene la sensación de estar cerca de sí mismo solo fuera del trabajo, y en el trabajo se siente fuera de sí mismo. Se siente como en casa cuando no está trabajando, y cuando está trabajando, no se siente como en casa. Por tanto, su trabajo no es voluntario, sino bajo coacción, es trabajo forzoso.**
>
> KARL MARX, *MANUSCRITOS DE FILOSOFÍA Y ECONOMÍA*, 1844

En *Manuscritos de filosofía y economía*, Marx explica que el trabajo es alienante, nos hace extraños a nosotros mismos. Esto se debe a la naturaleza del producto del trabajo, del que siempre estamos desposeídos, en la medida en que los salarios que recibimos no son un porcentaje del beneficio obtenido por el «propietario de los medios de producción», es decir, el director de la empresa o el accionista. En el trabajo perseguimos un objetivo que nosotros mismos no hemos definido, pero que se convierte en nuestro objetivo, pues nos ha sido impuesto. El trabajo también es alienante en la medida en que nos obliga a disociarnos de nosotros mismos para soportar la coacción que ese trabajo nos impone.

Entonces, ¿seríamos más felices sin trabajar? La inactividad es probablemente más dolorosa que el trabajo. Alejarnos de nuestro verdadero ser es un acto de violencia, pero obligarnos a afrontar un estado de inactividad, sin entretenimiento siquiera, no nos haría más felices. El trabajo asalariado es un entretenimiento alienante, pero entretenimiento, al fin y al cabo. En otras palabras, por mucho que las critiquemos, las preocupaciones del trabajo nos convienen, nos distraen del estudio de nuestra alma. En este sentido, el trabajo quizás es menos deprimente que el ocio permanente, porque en el trabajo podemos refugiarnos con el pretexto de la coacción que nos impone el empresario para justificar por qué siempre estamos tan ocupados. ¿Si no tuviéramos limitaciones externas, cómo podríamos escapar de estar a solas con nosotros mismos?

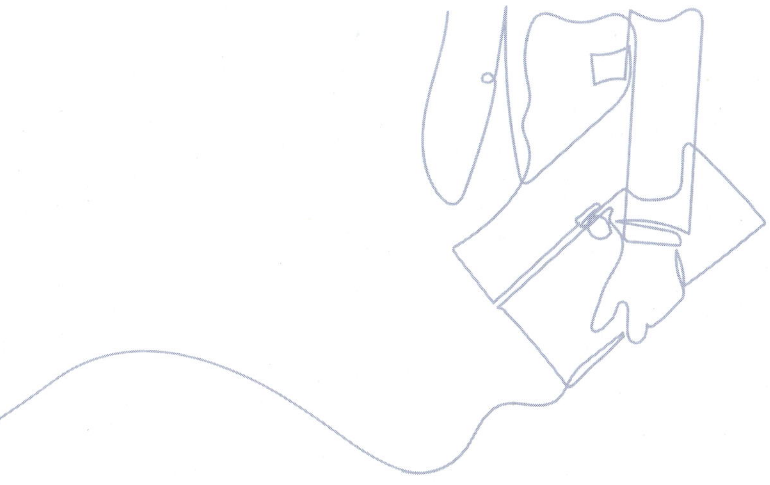

EL ESPACIO PÚBLICO

La vida social nos obliga a hacernos preguntas que nos alejan de nuestros problemas individuales. Nos cuestionamos cómo funciona la sociedad y por qué estamos a menudo tan mal gobernados. Tememos el futuro, pero sin sentirnos responsables de él.

¿Cómo podemos responder a estas preocupaciones? ¿Qué papel podemos desempeñar en los problemas a los que nos enfrentamos? ¿Tenemos que cambiar nuestra forma de ver la sociedad para implicarnos más?

¿EXISTE UNA OPINIÓN PÚBLICA?

No podemos estar de acuerdo en todo. Si con nuestros amigos no es fácil, con todos los ciudadanos del país es imposible. Sin embargo, en nuestro sistema político debemos tomar decisiones que sean válidas para todos, elegir representantes y cumplir la ley. Para ello, organizamos elecciones periódicas en las que cada votante tiene un voto.

Para preparar unas elecciones, la mayoría de las veces hay sondeos en los que el voto de un individuo también cuenta como uno. Sin embargo, una respuesta a un sondeo y un voto en unas elecciones no son equivalentes. En «La opinión pública no existe», Pierre Bourdieu menciona los tres presupuestos de las encuestas que pueden convencernos de que hay que tomar precauciones a la hora de considerar el «resultado» de las mismas como expresión de la opinión mayoritaria. La noción misma de «resultado» de una encuesta es cuestionable. ¿Cómo contribuyen a la formación de una opinión pública que puede ser engañosa?

> “Toda encuesta de opinión supone que todo el mundo puede tener una opinión; o, en otras palabras, que la producción de una opinión está al alcance de todos. [...]
>
> Segundo postulado: se supone que todas las opiniones tienen el mismo peso. Pienso que se puede demostrar que no hay nada de esto y que el hecho de acumular opiniones que no tienen en absoluto la misma fuerza real lleva a producir artefactos desprovistos de sentido.
>
> Tercer postulado implícito: en el simple hecho de plantearle la misma pregunta a todo el mundo se halla implícita la hipótesis de que hay un consenso sobre los problemas, en otras palabras, que hay un acuerdo sobre las preguntas que vale la pena plantear.
>
> PIERRE BOURDIEU, «LA OPINIÓN PÚBLICA NO EXISTE», 1972 ”

Dar preferencia a la opinión mayoritaria en la sociedad presupondría que existe y que podemos conocerla, por ejemplo, a través de una encuesta de opinión. Sin embargo, para que haya una opinión mayoritaria sobre un tema, el ámbito en el que se expresa debe estar ya definido. Este es el tercer postulado cuestionado por

Bourdieu en «La opinión pública no existe». Cuando una opinión se presenta como mayoritaria no solemos recordar que la pregunta orienta la formulación de la opinión. Puede ser más fácil crear un consenso sobre la vaga idea de que las personas deben vivir seguras en su propio país que sobre el costoso proyecto de construir un muro a lo largo de toda la frontera. Así, la encuesta de opinión, si está mal concebida, puede conducir a la realización de un proyecto concreto —el muro— confiando engañosamente en el consentimiento de la mayoría de una idea tan general que nadie puede oponerse a ella.

El primer postulado que rechaza Bourdieu, que «la producción de una opinión está al alcance de todos», nos permite recordar que decir «esta es mi opinión» no significa que uno se haya formado un juicio sobre un tema. En las encuestas, las respuestas que dan quienes tenían una opinión sobre el tema no se distinguen de las que da al azar el resto de los participantes. Durante los períodos electorales, los medios de comunicación comentan las encuestas *online* como indicadores de voto. Sin embargo, estas mismas encuestas pueden, de manera performativa, promover a un candidato que parece estar en una buena posición en una u otra encuesta. La opinión pública no existe: en lugar de tratar de averiguar cuál es a través de encuestas de opinión, deberíamos preguntarnos a qué candidato o partido queremos votar, independientemente de la tendencia que las encuestas pretendan reflejar.

¿POR QUÉ ES TAN DIFÍCIL PREOCUPARSE POR LA ECOLOGÍA?

Cuando pedimos una bolsa de plástico en el supermercado para llevar la compra porque nos hemos vuelto a olvidar la nuestra de tela, nos resulta difícil aceptar que este simple gesto podría entrañar graves daños al planeta. Nos comprometemos a supuestos «esfuerzos» para preservarlo, pero, en cuanto no somos ejemplares, nos consolamos pensando en las empresas que contaminan mucho más que nosotros, en todos los centros comerciales hiperclimatizados, en la iluminación de los escaparates de las calles... Por supuesto, este razonamiento no se sostiene: que otros lo hagan peor que nosotros no significa que podamos justificar nuestro comportamiento.

Esta disonancia entre la convicción ecológica y la dificultad de actuar en consecuencia es común: hay activistas ejemplares, pero la inmensa mayoría de los ecologistas hacen las cosas de otra manera. Y después está el resto de los ciudadanos, aún más numerosos, que, a pesar de ser conscientes del cambio climático, no están preocupados por lo que ello supone para el mundo. En un momento en que esta amenaza ha pasado de ser un futuro preocupante a un presente que ya estamos viviendo, ¿por qué no logramos cambiar radicalmente nuestro estilo de vida?

> Nuestra atención se ve dividida entre dirigirse a un movimiento superficial, pero en la actualidad bastante poderoso, o a un movimiento profundo, pero menos influyente [...].
>
> El movimiento ecologista superficial está interesado en la lucha contra la contaminación y el agotamiento de los recursos. Su objetivo central es la salud y la prosperidad de las personas en los países desarrollados. El movimiento de la ecología profunda tiene preocupaciones más profundas, que tocan los principios de diversidad, complejidad, autonomía, descentralización, simbiosis, igualitarismo y ausencia de clases.
>
> ARNE NÆSS, «THE SHALLOW AND THE DEEP, LONG-RAGE ECOLOGY MOVEMENT. A SUMMARY», 1973

Un hábito es difícil de cambiar, nos obliga a replantearnos toda nuestra vida, porque cada hábito está arraigado en un conjunto de gestos y acciones que lo hacen aparentemente necesario. Esta es la razón por la que, por ejemplo, los fumadores a veces dejan de tomar café para poder dejar de fumar. Nuestra vida cotidiana funciona como un ecosistema. Pero lo que impide la transición de la conciencia ecológica teórica a la acción respetuosa con el medio ambiente no es solo la dificultad de modificar un hábito, el primer obstáculo quizás forme parte del propio discurso ecológico.

Arne Næss, filósofo noruego del siglo XX, distingue entre ecología superficial y ecología profunda, y defiende este segundo concepto, que supone dejar de considerar que la naturaleza es una entidad separada al servicio del bienestar de la humanidad. Si es tan difícil sentir verdadera preocupación por el cambio climático, tal vez se deba a que la ecología superficial es la más visible y refuerza nuestra idea de que lo más importante es la satisfacción de la humanidad. Cuando en la ducha dudo si cerrar o no el grifo, estoy oponiendo mi convicción ecológica a mi placer, comparando dos elementos que van ambos dirigidos a mí. Pero si comprendiera que la ecología profunda presupone que nosotros no somos el centro, entonces lo que nos parece un sacrificio podría dejar de serlo.

Debido a nuestra relación consumista e individualista con el mundo estamos acostumbrados a preocuparnos solo por nuestro placer. Incluso cuando pensamos que estamos interesados en la naturaleza, muy a menudo solo la protegemos para salvaguardar recursos potenciales que queremos disfrutar en el futuro. Pero si queremos sentir una auténtica preocupación por el cambio climático, tal vez necesitemos una ecología profunda, cuya única preocupación no sea el ser humano, sino la preservación del ecosistema del que forma parte.

¿DEBERÍAMOS ESCUCHAR AL ARTISTA HABLAR DE SU OBRA?

Un artista que se niegue a promocionarse saldrá malparado en el mercado del arte. Se espera de él que presente su obra en los medios de comunicación y, sobre todo, que explique al público el significado de su trabajo. Pero ¿debemos escucharle? La mayoría de las veces no tenemos tiempo de leer los libros o de ir a las exposiciones recomendados en los medios de comunicación. ¿Podría una entrevista con el autor o el artista sustituir a la lectura del libro o a la visión de una obra? ¿Es conveniente preparar la recepción de la obra con la explicación que da el artista?

Podríamos preguntarnos si no es la obra la que tiene algo que decirnos, más que el artista, en cuyo caso no tendríamos que escucharlo. «Pero, ¡no entiendo nada de este cuadro!», podríamos responder. Y, precisamente, si la obra fuera explícita e inequívoca, ¿seguiría siendo una obra de arte? Cuando un novelista explica al lector la moraleja que debe extraer de su historia, ¿no deberíamos enfadarnos con él? ¿No tendríamos que abstenernos, como recomienda Mohamed Mbougar Sarr, autor de *La más recóndita memoria de los hombres,* de preguntarle «de qué trata su libro»? La libertad de recibir una obra de arte forma parte de la naturaleza de la obra y privar al espectador de esta libertad es convertir la obra de arte en una mercancía.

> **Un artista que produce obras notables no siempre está en condiciones de ser consciente de sus propias creaciones o de las de otros.**
>
> **JOHANN WOLFGANG VON GOETHE, *MÁXIMAS Y REFLEXIONES,* 1833**

Goethe advierte a los artistas que no deben comentar sus propias obras, pues lo que sucede en el proceso creativo no solo es resultado de la voluntad del artista. El artista debe, según Goethe, «dar forma», pero no hablar. Su creación le sobrepasa y no puede agotarla en una explicación, como tampoco puede hacerlo cualquier comentarista o espectador. Pero si bien el análisis de la obra por parte de estos últimos, aunque sea parcial, no es necesariamente defectuoso, el artista debe evitar empantanarse en él, pues correría el riesgo de reproducir esa explicación en sus futuras obras, de encerrarse en la definición que dio de su obra.

Por tanto, no le corresponde al artista hablar de su obra y, preferiblemente, no debería hacerlo nadie. Para promover y comunicar una obra, se necesitan portavoces que la presenten, pero que el artista la explique es destruirla, en la medida en que esta explicación la reduce a un solo significado. Según Goethe, la naturaleza de una obra no puede expresarse «con palabras», es infinita. Su conocimiento no puede agotarse. En consecuencia, es inútil tratar de definirla como si no fuera un objeto de contemplación, sino un objeto de estudio. Podemos dejarnos guiar hacia una obra por una palabra, pero es preferible que no sea la del artista, de modo que nuestra libre recepción de la obra no se vea impedida por un «mensaje» presentado como la esencia de la misma.

¿EL PODER NOS HACE NECESARIAMENTE INMORALES?

Aunque exigimos un comportamiento ejemplar a nuestros representantes políticos, la mayoría de las veces estamos de acuerdo en que el poder corrompe. Nuestras expectativas se ven siempre defraudadas, hasta el punto de que nos preguntamos si esta corrupción es una maldición inherente a todo poder. Incluso en las relaciones sociales o en el trabajo, el poder es a la vez temible y deseable: ¿poseerlo nos condena a tener las manos sucias?

Comentamos en sociedad los abusos de poder: uno más que ha malversado dinero público, otro que tiene una cuenta en paraísos fiscales, ese que vive en una magnífica vivienda oficial obtenida gracias a su «relación política». ¿No hay nadie que desempeñe su función con dignidad? Sin embargo, durante nuestra juventud conocimos a jóvenes idealistas enamorados de la nación, de lo «público», que querían actuar solo por el bien común. ¿Les despidieron por ser demasiado honestos o se corrompieron al frecuentar los círculos políticos?

> La libertad política solo se encuentra en los gobiernos moderados. Pero no siempre la encontramos en estados moderados; solo aparece cuando no se abusa del poder. Sin embargo, que todo hombre que tiene poder tiende a abusar de él es una experiencia eterna; continúa hasta que encuentra límites. ¡Quién lo diría! La virtud misma necesita límites. Para que no se abuse del poder, es necesario que, por la disposición de las cosas, el poder detenga al poder.
>
> MONTESQUIEU, *DEL ESPÍRITU DE LAS LEYES*, 1748

En lugar de ver el poder como una condena al vicio podríamos considerar la idea de que incluso «la virtud [...] necesita límites», como escribe Montesquieu en *Del espíritu de las leyes*. El problema de ejercer el poder no está en hacerlo, sino en sentir que no tiene límites, si es que decidimos obtener más. No es el poder el que corrompe, sino la posibilidad de la extensión ilimitada del mismo: en otras palabras, los políticos no son intrínsecamente malos; se vuelven malos por no tener, precisamente, su poder limitado. Los que tienen el poder nunca quieren que se acote, pero es necesario hacerlo. Montaigne relata que, en Creta, la insurrección impedía el abuso de poder, ya que servía de freno al poder que ejercían los magistrados. De la misma manera que un niño excede por unos centímetros el perímetro que sus padres designaron como seguro, la respuesta que se debe dar al abuso de poder es recordarle al niño —y a la persona que ejerce el poder— este perímetro, lo cual le tranquiliza.

El poder no le hace a uno inmoral, pero para proteger a la persona que lo tiene de la posible absolutización de su propio poder, el ciudadano tiene el deber de resistir cuando los políticos hacen retroceder el perímetro de su poder. «El poder debe detener al poder», escribe Montesquieu: no hay régimen que pueda prescindir de un contrapoder. Mientras que las instituciones públicas proporcionan controles y equilibrios en un estado democrático, no hay controles ni equilibrios para ciertas empresas privadas si la autoridad de control de la competencia no las regula. Así, las empresas digitales escapan al control de los Estados y tienen poder gracias a su capital y a los datos que guardan de todos los ciudadanos —y este poder sin contrapoder ni siquiera proviene de unas elecciones—. Lo que le queda al ciudadano es la posibilidad de implicarse para crear nuevos contrapoderes que impidan el abuso de los gobernantes.

¿EL ÉXITO COMIENZA CON LA PRETENSIÓN?

«Pero ¿cómo se las arregla para ser tan famoso, con las tonterías que dice?», proferimos de alguien cuyo éxito nos inquieta, nos irrita o nos indigna. El reconocimiento no está en función de la contribución que hagamos a la humanidad. ¿Debería ser así? ¿No se espera, por el contrario, que el éxito siga su propia lógica y que lo alcancen sobre todo aquellos que saben manifestar públicamente que merecen éxito?

La expresión actual para describir este fenómeno es *personal branding:* construir la imagen de tu propia marca, no en torno a un producto que se haya inventado o una idea que se haya logrado forjar, sino sobre la propia persona. Hay expertos en la materia. Cada nuevo logro se añade, ligeramente adornado, a la lista de su reluciente currículum. Tanto es así que aunque los conozcamos personalmente, acabamos impresionados. ¿Realmente son tan geniales? Tanta atención a la autopromoción levanta sospechas: el tiempo que dedican a hablar de lo listos que son no lo invierten en serlo... Sin embargo, parece que la pretensión es una receta eficaz para el éxito y no descalifica necesariamente a quien la práctica. En el pasado, la pretensión era una ofensa a la moral —como nos recuerda Lydie Salvayre en *Irréfutable essai de successologie*—, pero hoy se ha convertido en una práctica aceptada, incluso fomentada. En Internet, no hay éxito sin visibilidad. ¿Y qué manera más fácil de hacerse visible que hablar de uno mismo y alabarse?

La desproporción entre la grandeza de mi tarea y la *pequeñez* de mis contemporáneos se ha puesto de manifiesto en el hecho de que ni me han oído ni tampoco me han visto siquiera. [...] Me basta hablar con cualquier «persona culta» de las que en verano vienen a la Alta Engadina para convencerme de que *yo no* vivo... En estas circunstancias existe un deber contra el cual se rebelan en el fondo mis hábitos y aún más el orgullo de mis instintos, a saber, el deber de decir: *¡Escuchadme!, pues yo soy tal y tal. ¡Sobre todo, no me confundáis con otros!*

FRIEDRICH NIETZSCHE, *ECCE HOMO*, 1888

Friedrich Nietzsche tenía una gran opinión de sí mismo. El problema era que sus contemporáneos no parecían compartirla. De hecho, escribió *Ecce homo* para reparar la ofensa que el público le hacía por no ser capaz de reconocerle como se merecía. Nietzsche sostenía que con su libro *Así habló Zaratustra* le dio a la humanidad «el mayor regalo que jamás haya recibido». ¿No fue la confianza de Nietzsche en su propia superioridad lo que contribuyó a la supervivencia de su obra? ¿Lo admirarían todos sus discípulos si él no se hubiera admirado tanto a sí mismo? «No me confundáis», nos advierte, pues él aceptó una tarea elevada, tanto que aunque miraran hacia arriba, sus contemporáneos no podrían verla. ¿Cómo juzgar esta megalomanía nietzscheana? ¿Es posible declararse superior a su época y a los que vivieron en ella? ¿No es siempre una ilusión creerse el elegido?

Por decepcionante que sea, la mera pretensión no basta por sí sola para justificar la pérdida de interés en el trabajo de alguien: ¿cómo podría convencer al mundo que no le oye para que lo haga si no es gritando que él es su salvador? Nada impide que alguien grite, pero recordemos que lo que Nietzsche considera como un don para la humanidad no es él mismo, sino su obra.

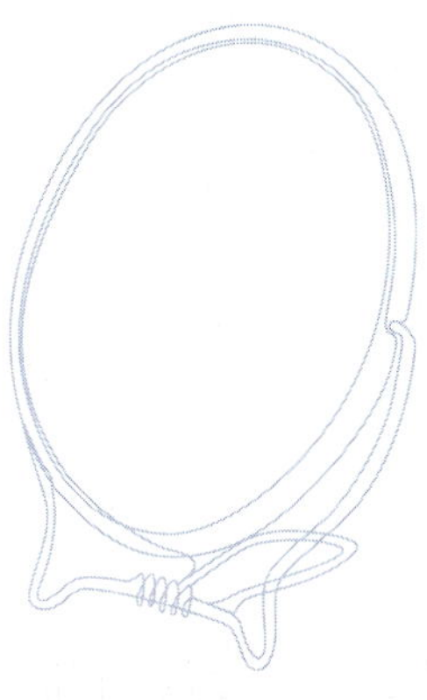

¿NECESITAMOS A DIOS PARA QUERER SER BUENOS?

Ya no nos atrevemos a hablar públicamente de Dios, pero no ha desaparecido del todo: no solo la mayoría de la población mundial es creyente, sino que la ciencia y la espiritualidad sirven como divinidad para quienes no creen. No hemos reemplazado nuestras creencias de ayer por certezas. La ciencia no nos ha salvado de la fe, suponiendo que esta sea un mal del que debamos ser salvados.

Dios ha servido durante mucho tiempo como una cómoda referencia externa para justificar nuestra moral y nuestras leyes. ¿Por qué deberíamos ser buenos en un mundo sin Dios? ¿Si somos mortales y no hay ninguna deidad que garantice la justicia más allá de la muerte, por qué no actuar en nuestro propio interés y vengarnos ahora de aquellos que nos han hecho daño? ¿Qué justifica el orden, si la naturaleza no existe más que para sí mismo? Parece que la creencia en Dios, o al menos la creencia en una base sobrenatural de las normas, incluso en las sociedades laicas, ayuda a justificar nuestras leyes. Pero ¿qué pasaría si, en lugar de tratar de reforzar esta justificación externa de las leyes, postuláramos que nuestras instituciones son el resultado de decisiones arbitrarias?

> “Siendo muy espinosa la tarea de distinguir lo que Dios mismo nos exige de los preceptos emanados de la autoridad de un parlamento omnipotente o de un alto magistrado, sería muy conveniente dejar a Dios en sus divinos cielos y reconocer honradamente el origen puramente humano de los preceptos e instituciones de la civilización.
>
> Con su pretendida santidad desaparecerían la rigidez y la inmutabilidad de todos estos mandamientos y los hombres llegarían a creer que tales preceptos no habían sido creados tanto para regirlos como para apoyar y servir sus intereses, adoptarían una actitud más amistosa ante ellos y tenderían antes a perfeccionarlos que a derrocarlos.
>
> SIGMUND FREUD, *EL PORVENIR DE UNA ILUSIÓN*, 1927

En *El porvenir de una ilusión*, Freud defiende la tesis de que el Dios que imaginamos, un justiciero que redistribuye los méritos después de la muerte, se corresponde tan bien con nuestros deseos que resulta muy sospechoso. Freud no se opone a la creencia en la existencia de una divinidad; señala la asombrosa coincidencia entre la idea de Dios y nuestra necesidad de seguridad, de encontrar sentido a nuestra existencia y de no sufrir la injusticia del mundo. ¿Cómo es posible que la idea de Dios satisfaga de manera tan perfecta todos nuestros deseos y frustraciones? Freud propone la hipótesis de que las instituciones humanas no se basan en ninguna ley divina. Según él, aunque formuláramos esta hipótesis, no tendríamos que temer al relativismo universal de la moral, es decir, que cualquiera pudiera decir lo que está bien o lo que está mal. Si admitiéramos que las leyes son solo una obra humana –y, por tanto, que no hay nada sagrado, nada natural, nada antinatural, sino solo decisiones arbitrarias y morales sobre las que debemos tratar de ponernos de acuerdo– entonces trataríamos de «mejorar» esas leyes, en lugar de intentar «abolirlas». No necesitamos creer que las leyes son divinas para respetarlas, saber que tienen su origen en el hombre no las hace menos poderosas.

Desde el punto de vista existencial, la muerte simbólica de Dios es un trauma. Sin Dios, estamos solos, somos mortales; nada puede consolarnos de la injusticia de la vida terrenal. Sin embargo, desde un punto de vista político, parece que podemos vivir sin Él. Admitir el origen humano de las leyes es el primer paso para abrir el debate entre los ciudadanos, no solo sobre enmiendas específicas, sino sobre el sistema de leyes en su conjunto, incluidas las supuestamente sagradas, es decir, aunque no se diga de forma explícita, las que están inspiradas en Dios. Si Dios no es una figura indispensable en la sociedad, la noción de lo sagrado se recrea en cada época bajo otras formas, es decir, podemos vivir sin Dios, pero no sin trascendencia.

¿SOMOS RESPONSABLES DEL FUTURO?

En un momento en que el cambio climático es de tal magnitud que ya estamos experimentando las transformaciones a las que nos obliga, muchas personas consideran que los esfuerzos que debemos realizar aún están asociados a un «futuro» en el que no viviremos. ¿Por qué deberíamos ser responsables de un tiempo que no conoceremos? ¿Somos responsables de dejar la Tierra tal como la encontramos?

Quienes tengan hijos pueden pensar en la responsabilidad por el futuro como una responsabilidad hacia ellos: «¿Qué mundo me gustaría dejarles?». Pero parece que reducir la responsabilidad del futuro a la responsabilidad por nuestros hijos sería particularizar el deber, como si no pudiéramos tener ninguno para con la humanidad a la que pertenecemos. ¿Somos responsables del futuro no solo de los que nos rodean, sino también de toda la humanidad?

> **En la era de la civilización técnica, que ha llegado a ser «omnipotente» de modo negativo, el primer deber del comportamiento humano colectivo es el futuro de los hombres. En él está manifiestamente contenido el futuro de la naturaleza como condición *sine qua non;* pero, además, independientemente de ello, el futuro de la naturaleza es de suyo una responsabilidad metafísica, una vez que el hombre no solo se ha convertido en un peligro para sí mismo, sino también para toda la biosfera.**
>
> HANS JONAS, *EL PRINCIPIO DE RESPONSABILIDAD*, 1979

La «civilización técnica» corresponde al momento en que, por primera vez en la historia, el ser humano ha sido capaz de destruir ecosistemas en su conjunto mediante las armas que produce y las transformaciones irreversibles que introduce en la naturaleza. Por ejemplo, la creación artificial de nuevas especies vegetales para sustituir a las anteriores puede amenazar el equilibrio del ecosistema si las nuevas especies son menos resistentes que las anteriores. Esta posibilidad ha dado lugar a la obligación de preocuparnos por el futuro. En la escala del universo, no somos una amenaza. Si destruimos toda la vida en la Tierra, nuestro planeta seguirá siendo un planeta; si destruimos el planeta, se romperá en pedazos, en asteroides, en satélites. Al final, habrá un nuevo equilibrio. ¿Entonces, de qué somos responsables? Nuestro deber podría ser preservar la vida; precisamente porque hemos adquirido los medios para destruir toda forma de vida conocida, tenemos el deber de proteger el futuro de esa vida. Esta responsabilidad, a menudo presentada como un deber hacia la naturaleza, que debemos proteger como si le hiciésemos un favor, es en realidad una responsabilidad hacia nosotros mismos. Como explica Hans Jonas en *El principio de responsabilidad*, no hay distinción entre el futuro de la humanidad y el de la naturaleza.

A través de nuestro poder —negativo— como especie tecnológica tenemos la obligación de permitir que exista el futuro, es decir, que haya una continuidad de la vida en la Tierra. Pensar en esta obligación como algo relacionado con un objeto externo —la naturaleza— es ignorar el hecho de que nosotros también formamos parte de la naturaleza. Si nuestro dominio técnico nos hace vernos como independientes de la naturaleza, en realidad, decir que somos responsables del futuro de la naturaleza o del futuro de la humanidad es la misma cosa. Recordar que pertenecemos a la naturaleza nos permitirá dejar de entender los esfuerzos que tenemos que hacer como sacrificios.

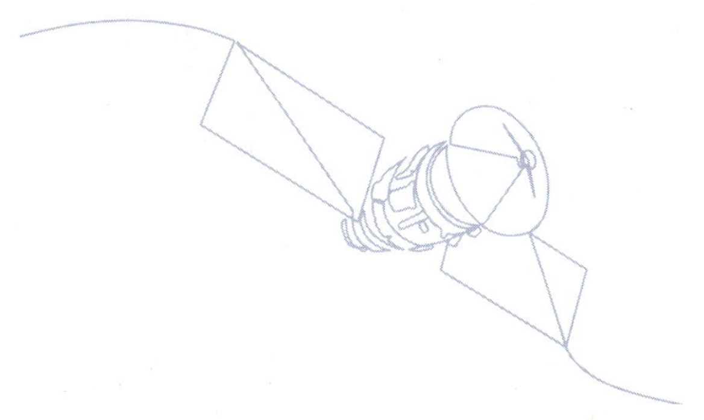

EL OCIO

En teoría, el tiempo libre no tiene límites, pero ¿es realmente libre nuestro tiempo libre? ¿Elegimos el ocio guiados únicamente por nuestro deseo? ¿Qué buscamos al viajar?

Es más, ¿son equivalentes todas las formas de ocio en el tiempo libre? ¿Es mejor un ocio útil y productivo que un ocio vano? ¿Debemos huir del ocio?

¿QUÉ BUSCAMOS EN LOS VIAJES?

El gusto por viajar no entiende de clases sociales, ricos y pobres sueñan con ello. Quizás no busquen el mismo tipo de viaje, algunos desean la autenticidad y vivir experiencias, otros, un paraíso que los aísle de la vida cotidiana, pero el deseo de un lugar diferente parece que es algo ampliamente compartido. ¿Por qué siempre queremos partir? ¿Cuál es el origen de la necesidad que tenemos de plantearnos siempre una futura escapada? ¿Qué buscamos en los viajes?

Lo sorprendente de este deseo es que cada vez adopta el pretexto de un nuevo destino soñado —Japón, Cerdeña, la Costa de Ópalo— y que se convierte en un proyecto fundamental. Durante el año previo al viaje, nos apasionamos por el lugar soñado y nos preparamos para esa aventura. Después, realizamos el viaje, regresamos y no volvemos a hablar más de ello hasta que alguien dice que va a ir al mismo lugar. Algunos son más cínicos o perspicaces y admiten que solo necesitan unas vacaciones, no importa dónde, pero lejos de aquí. En otras palabras, más que viajar, parece que soñamos con irnos, independientemente de lo bien que nos sintamos en un lugar en particular.

> **Es de la existencia misma y no de uno de sus decorados, en la nostalgia de un cielo más bello, de lo que queremos evadirnos en la lasitud. Evasión sin itinerario y sin término, no acaba atracando en parte alguna. Como para los verdaderos viajeros de Baudelaire, se trata de partir por partir.**
>
> EMMANUEL LEVINAS, *DE LA EXISTENCIA AL EXISTENTE*, 1947

Aunque hablemos de un «cielo más bello» —las islas de Japón, las playas del norte—, en realidad no es ese cielo el que nos hace emprender un viaje. La impresión de que nuestro proyecto de partir se inspira en la belleza del mundo es solo una ilusión; el ímpetu es interno, es la «lasitud» de la que queremos escapar, escribe Emmanuel Levinas en *De la existencia al existente*. Creemos que porque nuestro entorno es «mundano y lúgubre», ya que resulta «vulgar y cruel», es por lo que queremos viajar —la ciudad gris, los vecinos ruidosos—, pero es de la existencia misma de la que estamos aburridos, porque es un «compromiso de existir». La vida es un «contrato irrescindible», escribe Levinas, y de esto es de lo que nos cansamos. Huimos para no ver que no podemos huir.

Lo que buscamos en los viajes es escapar del «deber» de la existencia. Pase lo que pase, hay que vivir, y esta obligación es demasiado pesada como para que no intentemos escapar de ella haciendo planes para otros lugares. Salimos de aquí para escapar de nuestra propia existencia, pero en otro lugar, entre dos momentos de confusión, redescubrimos la existencia y su obligación esencial, que es que debe continuar. «Debemos emprender y aspirar», escribe Levinas; esta obligación de desear siempre algo y de actuar para realizar ese deseo nos agota. El único remedio que encontramos es obedecer a esta obligación, soñamos con otra parte, emprendemos el viaje.

¿DEBERÍAMOS DEJAR DE SACAR FOTOGRAFÍAS?

Es el cumpleaños de un amigo y estamos en un restaurante para celebrarlo. Alguien saca fotografías del momento para «inmortalizarlo». Otro filma la llegada de la tarta y la apertura de los regalos. Uno de los invitados «nunca saca fotos», pero esta vez hace una excepción. Al final, casi todo el mundo tiene una grabación de la velada en sus teléfonos móviles. Entonces, siempre hay alguien del grupo que se queja y dice: «Era mejor antes, cuando no teníamos móviles. Estábamos realmente allí».

Se podría pensar que el origen del problema es el teléfono móvil, porque es muy fácil de usar y permite hacer tantas fotografías como se quiera. ¿Pero, y si el problema en realidad fuera la propia fotografía? ¿Quizás desde el momento en que nació, con cámaras a las que había que comprar carretes y revelarlos, la fotografía ya llevaba el germen de este deseo de archivarlo todo?

> Porque una vez que has empezado —predicaba— no hay razón alguna para detenerse. El paso entre la realidad que ha de ser fotografiada porque nos parece bella y la realidad que nos parece bella porque ha sido fotografiada, es brevísimo. Si fotografías a Pierluca mientras levanta un castillo de arena, no hay razón para no fotografiarlo mientras llora porque el castillo se ha desmoronado, y después mientras la niñera lo consuela mostrándole una concha en medio de la arena.
>
> ITALO CALVINO, «LA AVENTURA DEL FOTÓGRAFO», 1955

En «La aventura del fotógrafo», Italo Calvino describe el proceso que nos lleva, una vez que empezamos a hacer fotografías, a sacar más y más. Utiliza el ejemplo de los padres que, una vez que inocentemente empiezan a hacer fotos de su hijo, no tienen ninguna razón para parar. Al sacar fotos, intentan detener el paso del tiempo, conservar para siempre el rastro de una expresión que nunca volverá a ser igual a la que acaban de fotografiar. Cuando miramos a nuestro hijo, no podemos engañarnos sobre el paso del tiempo, pero cuando nos observamos al espejo, siempre puede darnos la impresión de que no hemos cambiado mucho, incluso que no lo hemos hecho en absoluto. El niño crece por momentos y la fotografía es un intento desesperado por detener este cambio. Por eso, cada fotografía exige una nueva. Puesto que hemos inmortalizado este momento, ¿por qué no inmortalizar el siguiente?

Las fotografías son una forma de tranquilizarnos ante la posibilidad de olvidar lo que nos ha marcado: una sonrisa en la cara de un niño, un hermoso paisaje, una cena deliciosa. Sin embargo, al fotografiar estos momentos que no queremos olvidar, transformamos nuestro recuerdo, que se vuelve idéntico a la foto tomada. En lugar de recordar el paisaje que vimos, recordamos la imagen de nosotros mismos frente a ese paisaje, es decir, desde un punto de vista distinto al nuestro. En otras palabras, estamos creando el recuerdo de algo que no hemos vivido. Si bien la fotografía es un intento de detener el tiempo y no olvidar lo que estamos viviendo, en cuanto sacamos una foto estamos sustituyendo un recuerdo posible por un recuerdo fotográfico, distinto de nuestra experiencia. ¿Y si en lugar de fotografiar los buenos momentos, dejamos que la memoria elija lo que recuerda?

¿DEBERÍAMOS EDUCAR EL GUSTO?

Cuando recorremos las salas de un museo donde se exhiben bodegones del siglo XVIII, es posible que perdamos el interés por las obras y nos limitemos a buscar un banco, agotados por una serie de pinturas que nos parecen todas iguales. Sin embargo, parece que a fuerza de mirar cuadros que pertenecen a un movimiento concreto, o después de escuchar una visita guiada, estos mismos cuadros nos resulten más interesantes, como si el hábito de contemplar fuese necesario para disfrutar de las obras de arte.

En efecto, tan pronto como se empiezan a comprender las diferencias entre el estilo de un pintor y otro, a identificar los rasgos característicos de una época, empezamos a interesarnos por los cuadros e incluso a apreciarlos. ¿El gusto por una obra se debe a las reglas que esta sigue y que podemos identificar una vez hemos conocido el movimiento artístico al que pertenece el cuadro? ¿El gusto se educa aprendiendo historia del arte?

> **Una causa evidente por la cual muchos no consiguen el sentimiento apropiado de la belleza es la falta de esa delicadeza de imaginación que se requiere para la transmisión de una sensibilidad hacia esas emociones más delicadas [...] nada tiende con más fuerza a incrementar y mejorar este talento que la práctica de un arte particular y el frecuente examen y contemplación de una clase particular de belleza. Cuando se presentan objetos de cualquier tipo por primera vez ante la vista o la imaginación de una persona, el sentimiento que los acompaña es oscuro y confuso, y la mente es incapaz en gran medida de pronunciarse acerca de sus méritos o defectos.**
>
> DAVID HUME, *LA NORMA DEL GUSTO Y OTROS ESCRITOS SOBRE ESTÉTICA*, 1757

Nuestro sentido del olfato puede educarse, cuanto más lo estimulemos exponiéndolo a distintos olores, mayor capacidad tendremos para distinguirlos entre sí y apreciarlos. La educación del gusto es del mismo orden. En *La norma del gusto*, David Hume defiende la necesidad de educar nuestro gusto para poder juzgar la belleza de una obra. Debemos poner ante nuestros ojos, nuestros sentidos, una variedad de cosas, para que las obras no parezcan un todo indiferente. Hume reconoce que es más fácil relacionarse con las obras de la propia época que con las de otra. Esta sería la razón por la que, según él, las comedias no llegan a la posteridad tan fácilmente como los dramas. Sería la experiencia de comparar «diferentes tipos de belleza» lo que nos haría competentes para «dar una opinión sobre un objeto que se nos presenta».

La educación del gusto no es, como podría imaginarse a primera vista, un aprendizaje de las reglas objetivas de tal o cual arte o estilo que tratamos de verificar en cada obra que examinamos. Consiste en la exposición repetida a las obras hasta que, por comparación, llegamos a distinguir lo feo de lo bello. Por tanto, para apreciar el arte, debemos educar nuestro gusto, es decir, acostumbrarnos a contemplar reiteradamente las obras de arte, aunque la recepción de obras de nuestra época o cercanas a nuestra sensibilidad siempre se ve facilitada por la educación.

¿EL CONSUMISMO ESTÁ PASADO DE MODA?

Ir de compras ya no es un pasatiempo del que presumir. Nadie admite sin sentimiento de culpa que le gusta tener algo nuevo, a pesar del placer que nos produce ver en el armario una prenda recién comprada. ¿Cómo logramos resolver, en el día a día, esta tensión entre el deseo de comprar, por un lado, y el sentimiento de culpa, por otro?

Al mismo tiempo que nos deshacemos de la visión de comprar como fuente de orgullo, se convierte en un momento en el que debe dominar el análisis frío y racional. Se supone que dejarnos guiar por el instinto o dejarnos engañar por la publicidad es algo vergonzoso. Tenemos que comprobar el origen de los productos que compramos para no apoyar a un régimen político tiránico, asegurarnos de que la fruta procede de la agricultura ecológica y de que no ha cruzado el océano en avión. Entonces, ¿el consumismo está pasado de moda?

> Cuanto menos estamos bajo el peso de las tradiciones y juicios del otro, más estaremos sujetos al orden de las cosas del mercado en lo que se refiere a la satisfacción de nuestros deseos.
>
> GILLES LIPOVETSKY, *LA CONSAGRACIÓN DE LA AUTENTICIDAD*, 2021

El deseo tiene que ir a alguna parte. La pasión por comprar no ha desaparecido, el deseo de acumular bienes se ha reemplazado por la demanda de autenticidad. En *La consagración de la autenticidad,* Gilles Lipovetsky, filósofo francés especializado en el consumo, analiza cómo la autenticidad se ha convertido en un refugio seguro en el siglo XXI. Considera que la sociedad ha llegado a la hipermodernidad, es decir, al estadio extremo de la modernidad. En esta nueva era, el consumo no está muerto, porque no es una práctica del individuo independientemente de la sociedad; el consumidor consume como miembro de la sociedad y su práctica de consumo depende de lo que imagina que debe hacer dentro de esa sociedad. El consumidor se debate entre dos tendencias contrarias, por un lado es más independiente de la mirada de los demás que antes, ya no compra su nevera o su coche por «obligación social», pero, por el otro, lo que ha sustituido al control social no es una liberación, sino una forma de compensar las propias frustraciones. Nuestros deseos no tienen un propósito específico y se pueden adaptar a la gama de productos que ofrece el mercado.

Consumir no ha pasado de moda. El «orden de las cosas del mercado» que describe Lipovetsky está lejos de haber desaparecido. Por el contrario, el consumo está más presente que nunca en nuestras vidas porque se ha convertido en un acto que requiere preparación y ritualización. Coexisten dos tipos de consumo: el consumo auténtico, ritualizado, que es un acto que toma prestados ciertos signos de lo sagrado; y el consumo compulsivo, compensatorio, una respuesta libidinal a la frustración, experimentado como un placer culpable. Para ser compatible con el nuevo deseo de autenticidad, el consumo se integra en las experiencias más que en objetos: en lugar de regalar una taza bonita a un amigo, le regalamos una clase de cerámica en la que él mismo puede hacer su taza. Para asegurarnos de que la compra no lleve la marca de la culpa, añadimos una capa de autenticidad. En otras palabras, aunque pensemos que nos hemos liberado del apetito de consumir, solo hemos encontrado una forma de consumir que es compatible con nuevos valores.

¿DEBERÍAMOS RENUNCIAR AL ENTRETENIMIENTO?

El aburrimiento parece haber desaparecido del mundo. ¿Cuánto tiempo estamos dispuestos a vivir sin usar el teléfono móvil? ¿Una hora, un día, una semana? En una cola, en lugar de mirar la pantalla del teléfono, podríamos no hacer nada. Sin embargo, elegimos entretenernos. ¿Cómo explicar nuestra incapacidad para aburrirnos?

Nuestra búsqueda de entretenimiento podría provenir de la naturaleza de nuestra alma, que no puede soportar su propia compañía. Como lo describe Pascal en sus *Pensamientos*, «nada puede consolarnos, cuando nada nos impide [pensar en nuestra miserable condición], y solo nos vemos a nosotros mismos». Huimos del «descanso» del alma, no en el sentido de que nos negamos a dormir, sino en el sentido de que el alma cuida de sí misma cuando estamos despiertos y lúcidos. Lo aterrador del aburrimiento somos nosotros mismos. ¿Deberíamos renunciar al entretenimiento? ¿Sería más noble la búsqueda de la utilidad?

> **El hombre que solo se ama a sí mismo, no odia nada tanto como estar a solas consigo mismo.**
>
> BLAISE PASCAL, *PENSAMIENTOS*, 1670*

Si buscamos el entretenimiento, según Pascal, es para huir de nosotros mismos, cuando solo tenemos amor propio y ningún amor a Dios. La frase parece paradójica: ¿por qué la persona que se ama a sí misma debería odiar estar en compañía de la persona que ama, es decir, de sí misma? «La verdadera causa de la perpetua inquietud en la que [los hombres] pasan toda su vida» es que el alma, ocupada casi todo el tiempo con las «necesidades de la naturaleza» —pues esta alma vive en un cuerpo— se siente «angustiada» por lo que encuentra en sí misma. Para escapar a su «disgusto» consigo misma, no tiene más remedio que interesarse por las cosas externas. Esto es

* Esta obra fue publicada a título póstumo. Estos fragmentos fueron escritos entre 1654 y 1662.

lo que la sociedad nos enseña desde muy pequeños, con la escuela y las demás «cargas y asuntos que nos preocupan desde el amanecer». Pero ¿y si en lugar de ocio solo eligiéramos actividades útiles? ¿No sería también una forma entretenimiento? Por ejemplo, ¿si hacemos la buena acción de renunciar al teléfono móvil y en su lugar trabajamos una hora extra, lo que buscamos también en esta ocupación no es el olvido de nosotros mismos? La adicción al trabajo no es más noble que la adicción al teléfono.

La salvación que nos ofrece Pascal no se encuentra en las supuestas actividades útiles, sino en el amor de Dios. Sin este, no podemos escapar a la llamada del entretenimiento, porque lo que encontramos en nuestro interior es demasiado miserable para que estemos dispuestos a mirarlo. Y para los que no creen en Dios, ¿no podemos esperar que, a pesar de todo, se alejen del amor propio y se vuelvan hacia el amor a los demás? Tal vez deberíamos renunciar al entretenimiento para mirar el mundo real, al que pertenecemos, y dedicarle lo que nos queda de alma.

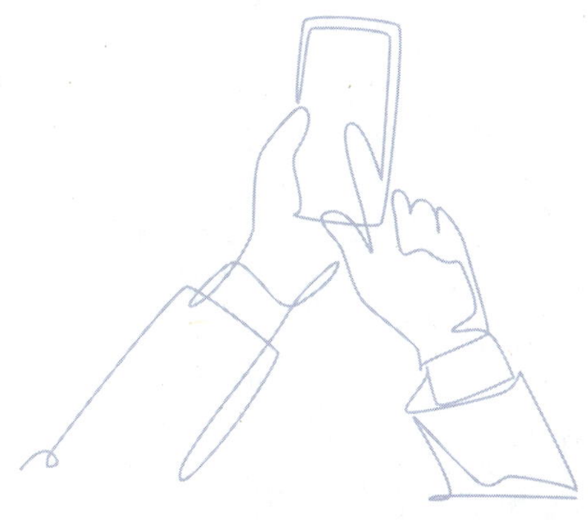

EL HOSPITAL

No entramos todos los días en el hospital, pero está ahí, en la población más cercana o tal vez incluso a unas manzanas de nuestra casa. Oímos pasar las ambulancias. Llevamos allí a los enfermos. Tal vez nos tranquilice que no conozcamos a quien yace en una camilla, o que nos preocupe que mañana sea uno de nuestros seres queridos o incluso nosotros mismos.

¿De qué miedos queremos huir cuando nos tapamos los oídos para no escuchar la sirena de una ambulancia? Cuando vamos al hospital para que nos vea el médico, ¿podemos decir que nos está utilizando como cobaya? ¿Es posible ser normal y, en caso contrario, qué desviación de la norma justifica el ingreso en un hospital? ¿Cómo recuperarse del dolor después del último adiós en un hospital?

¿ES POSIBLE SER NORMAL?

Cuando decimos de alguien que es un hombre o una mujer «corriente», queremos decir de forma educada que no son ricos, famosos o particularmente talentosos. Son personas normales. Pero en cuanto nos acercamos a ellas, siempre descubrimos que no lo son tanto como imaginábamos. Porque la normalidad no aparece por ninguna parte, solo existe como idea reguladora de la sociedad.

En relación con esta supuesta normalidad, nos vemos atrapados en un deseo doble e irreconciliable: tenemos la ambición de distinguirnos, de ser personas excepcionales y, al mismo tiempo, aspiramos a ser lo más normales posible: a tener una nariz normal, una familia normal, un sentido del humor normal... Pero, ¡tenerlo todo normal no es normal! Soñamos con un estándar que solo existe virtualmente. Es una medida a la que no corresponde ningún rostro real.

> **Lo anormal, en tanto que a-normal, es posterior a la definición de lo normal, es la negación lógica de la misma. Sin embargo, es la anterioridad histórica del futuro anormal la que da lugar a una intención normativa. Lo normal es el efecto obtenido por la ejecución del proyecto normativo, es la norma exhibida en el hecho. Desde el punto de vista del hecho, existe por tanto una relación de exclusión entre lo normal y lo anormal. Pero, esta negación está subordinada a la operación de la negación, a la corrección exigida por la anormalidad. Por tanto, no hay paradoja en decir que lo anormal, lógicamente secundario, existencialmente es anterior.**
>
> GEORGES CANGUILHEM, *LO NORMAL Y LO PATOLÓGICO*, 1943

«Lo anormal, lógicamente secundario, existencialmente es anterior»: solo se puede ser considerado anormal si se define una norma de antemano. Sin embargo, antes de que se haya establecido la norma, el hecho ya existe. De ahí la distinción que hace Georges Canguilhem en *Lo normal y lo patológico:* lo anormal es anterior desde el punto de vista de la existencia, pero posterior desde el punto de vista de la lógica. Mientras que la anormalidad es un «hecho estadístico», identificado después de haber establecido una norma, a menudo lo juzgamos como una desviación de un «tipo de vida normativo». La norma es una media que calculamos, pero tan pronto como la conocemos, la tomamos erróneamente como un deber o un ideal. Los franceses, por ejemplo, miden de media un metro setenta y siete, y las mujeres un metro sesenta y cuatro. Una vez conocida esta media, nos comparamos con ella y corregimos lo que podemos con algunos trucos –por ejemplo, tacones– para no desviarnos de la norma. Sin embargo, la persona media es un «dato estadístico» y no un modelo, es decir, solo existe matemáticamente. En otras palabras, la media es algo dado, no un ideal que haya que alcanzar.

Parece lógico desear ser normal, aunque sea imposible. Querer plegarse a la norma es violentar a lo vivo para hacerlo corresponder con una abstracción. Para deshacernos de la comparación obsesiva que nos hace aspirar a la normalidad, quizás podríamos prescindir de todos los promedios. Dejar de ahogarnos en hechos estadísticos evitaría que se convirtieran en mandatos cotidianos.

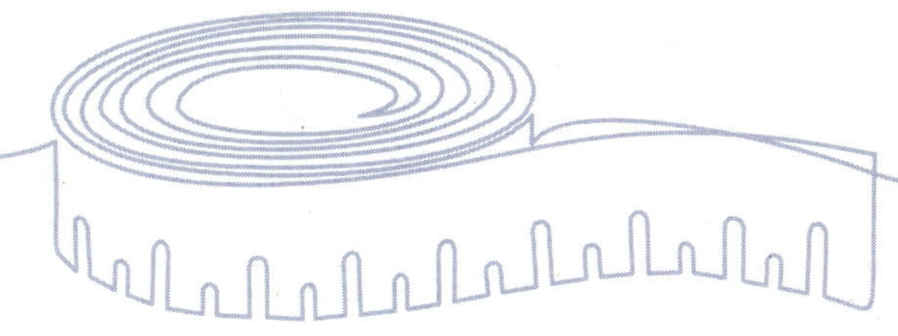

¿ES LA VEJEZ UNA ENFERMEDAD?

Es más fácil encontrar candidatos para trabajar en pediatría que en geriatría. En el hospital, el servicio de geriatría reúne a pacientes con patologías muy diferentes, pero que se considera que tienen una enfermedad común: la vejez. La vejez asusta. Somos conscientes de ella y tratamos de ocultar sus manifestaciones físicas en nosotros mismos y en los demás (manchas, arrugas, dientes dañados). Al mismo tiempo, nuestra lucha parece dirigirse contra la propia vejez, como si fuera una enfermedad que debe ser superada –pues, en nuestros sueños más salvajes, al final está inmortalidad–. ¿Por qué es tan vergonzoso y preocupante envejecer?

La vejez, aunque es un fenómeno natural de degeneración que se basa sobre todo en el acortamiento de los telómeros de nuestras células, se propaga en el cuerpo como una enfermedad. Todavía no entendemos exactamente qué es lo que mantiene a un organismo en permanente renovación, mientras que otro pierde capacidades cada mes. ¿Puede designarse realmente como una enfermedad esta extinción gradual de las funciones del cuerpo?

> “Las otras edades tienen un término marcado, solo la vejez no tiene ninguno. Se puede vivir y vivir bien cargado de años; ¿sabes cuál es el secreto? Cumplir los deberes propios y despreciar la muerte. De ahí sucede a menudo que un anciano es más valiente y firme que un joven.
>
> CICERÓN, «SOBRE LA VEJEZ», 44 A. C.”

Pensamos en la vejez como un proceso que amenaza nuestra identidad –que se supone que cambia con la edad– y que no tiene nuestro consentimiento. Sin embargo, también es, en sí misma, un período de la vida. Y como tal, la ventaja es que no tiene un «término marcado», escribe Cicerón en «Sobre la vejez». Lo que caracteriza a la vejez podría ser la posibilidad de deshacerse del miedo a pasar a la edad siguiente. Después de la vejez solo viene la muerte. Pero esta también puede ocurrir a cualquier edad, por lo que no es el final específico de este período de la vida. El anciano es el que tiene la suerte de vivir sin esperar lo que vendrá después, sin miedo a las arrugas o los dolores que marcarán su próxima vejez, porque ya es viejo. Cicerón no concibe la vejez como una condena a la degeneración. Sigue siendo necesario, para que el «anciano conserve su espíritu», que no renuncie «a ejercerlo o a enriquecerlo». En otras palabras, no es la vejez la que produce la debilidad de la mente, sino que nosotros mismos, cuando hemos llegado a la vejez, ya no consideramos útil ejercitar nuestra mente.

La vejez designa dos cosas: una transformación gradual de nuestro aspecto y de nuestra mente, que no espera a la jubilación para ponerse en marcha; y una edad de la vida, cuyo perímetro es indefinido, y que corresponde, tal vez, a una nueva relación con la propia existencia, cuando ya no estamos esperando que llegue la vejez. Es una enfermedad solo para aquellos que la temen; para otros, es un proceso natural de desarrollo del organismo y la oportunidad, en este momento de la vida, de vivir en el tiempo presente en lugar de temer la llegada de una nueva edad.

¿SOMOS CONEJILLOS DE INDIAS PARA LOS MÉDICOS?

Esperamos que un médico nos cure, o al menos que intente hacerlo. Si tenemos dolor de garganta y vamos a visitarle, esperamos que con esa consulta el dolor de garganta desaparezca. ¿Pero, basta con curarse para considerar que el médico ha hecho su trabajo? Parece que no. La exigencia de un diagnóstico, incluso para los síntomas más leves, se suma cada vez más a la exigencia de un tratamiento. Distinguimos entre el diagnóstico —que es la identificación de la condición del paciente— y el tratamiento, que es la acción efectiva que se lleva a cabo para curar al paciente.

No basta con que el médico cure al paciente; este quiere saber el nombre de su enfermedad. La solicitud sistemática de un diagnóstico por parte del paciente puede resultar sorprendente, porque el diagnóstico nos remite al caso general, mientras que el tratamiento tiene en cuenta nuestra individualidad. ¿Acaso no decimos siempre que somos únicos y que se deben tener en cuenta nuestras singularidades? Esta afirmación de la singularidad a menudo se basa en un conjunto de diagnósticos: soy intolerante a la lactosa, padezco de un trastorno límite de la personalidad y tengo migraña. Si cada diagnóstico es un caso general y nos hace pertenecer a un grupo, la conjunción de todas estas etiquetas quizás nos ofrezca la esperanza de destacar entre la multitud. Existe, por tanto, un doble movimiento: el deseo de tranquilizarnos al ser clasificados como un caso general —el diagnóstico— y, al mismo tiempo, negarnos a que nuestro tratamiento se dé mecánicamente en función de este diagnóstico sin tener en cuenta nuestra individualidad. ¿De qué manera el hecho de tratar al paciente como objeto de experiencia significa que el médico reconoce la individualidad del paciente?

Cualquiera que sea la complejidad y artificialidad de la mediación técnica, científica, económica y social de la medicina contemporánea, cualquiera que sea la duración de la suspensión del diálogo entre médico y paciente, la resolución de la eficacia que legitima la práctica médica se basa en esta modalidad de la vida, que es la individualidad del hombre.

GEORGES CANGUILHEM, «EL ESTATUTO EPISTEMOLÓGICO DE LA MEDICINA», 1988

Como relata Georges Canguilhem en su artículo sobre el estatuto epistemológico de la medicina, durante un tiempo esta tuvo que dejar de lado su «objeto concreto inicial» –el paciente– para alcanzar el estatuto de ciencia. Louis Pasteur –Canguilhem nos recuerda que fue un «químico sin formación médica»– precipitó el nacimiento de una nueva medicina cuyo objetivo no era tanto «la enfermedad, como la salud». Las vacunas, la radiología y otros inventos técnicos han alejado al individuo de la ciencia médica, o mejor dicho, han colocado un intermediario entre el médico y el paciente –exámenes clínicos o vacunas aplicadas de forma general, sin tener en cuenta la individualidad del paciente– que ha favorecido la inclusión de este en una observación estadística que le sobrepasa.

Contrariamente a lo que podría pensarse a primera vista, el hecho de que los pacientes sean sujetos de experimentación para los médicos –conejillos de Indias– no desacredita a estos. Por el contrario, debido a que el médico tiene en cuenta la individualidad del paciente, solo puede hacer un diagnóstico en términos de probabilidades. Si no está seguro, es porque no quiere reducir al paciente a un caso general. La reacción del paciente al tratamiento siempre puede ser una sorpresa, de la que el médico aprende. Mientras seamos cobayas, se nos reconoce como individuos que no pueden ser reducidos a la generalidad.

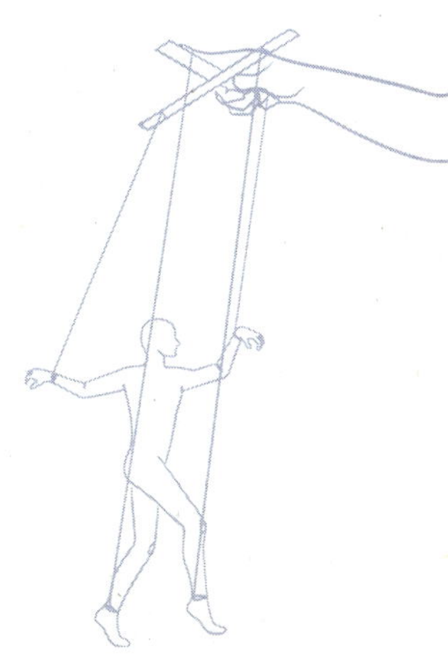

¿CÓMO AFRONTAR EL DUELO?

Cuando perdemos a un ser querido, a menudo se nos aconseja tener paciencia. Cualquier dolor perderá intensidad con el tiempo. Pero esto no es un consuelo. La brutalidad del duelo nos hunde en la desesperación. Todo parece inútil. Nos resulta imposible proyectarnos en un futuro en el que suframos menos. Tanto para un niño como para un adulto es difícil creer en la muerte. Por eso, el primer duelo que experimentamos es intolerable: nos confirma la mortalidad del ser humano. Ese duelo abre una pregunta terrible: ¿cuántos más tendremos que vivir? Pensamos en cada uno de nuestros seres queridos, mayores que nosotros, e imaginamos que este sufrimiento se repetirá a lo largo de nuestra vida, a medida que ellos fallezcan. ¿Acabaremos por acostumbrarnos a la muerte de nuestros seres queridos?

Cuando nos separan varios meses de la muerte de un ser querido, nuestro dolor es menor de lo que era al principio. Quien nos aconsejó que había que dejar pasar el tiempo, en ese sentido, tenía razón, el transcurrir del tiempo hace que el dolor sea superable. Evitamos el tema, los lugares que nos recuerdan que se ha ido, en definitiva, nos distanciamos de la tristeza alejándonos de quien nos ha dejado y encontramos consuelo en hacerlo desaparecer de nuestras vidas. ¿No podríamos hacer el duelo sin tener que olvidar a la otra persona?

> **Quien no ha logrado poner término a su dolor con la reflexión, lo pondrá con el tiempo. Ahora bien, para el hombre prudente constituye un remedio muy vergonzoso para su llanto el cansarse de llorar. Antes deseo que abandones tú el dolor, a que él te abandone a ti, y cuanto antes deja de hacer aquello que, aun cuando te agrade, no podrás realizar largo tiempo.**
>
> SÉNECA, *EPÍSTOLAS MORALES A LUCILIO*, SIGLO I

Aunque cada uno hace lo que puede para sobrevivir al duelo y no hay razón para afirmar que un remedio sea menos honroso que otro, pues es difícil vivir con tanto dolor, las palabras de Séneca nos abren una vía de duelo alternativa al olvido. Este fragmento de una carta que dirige a Lucilio puede alimentar la culpa que nos atenaza por sanar la tristeza gracias al paso del tiempo. ¿Al final, no nos cansamos de estar tristes? ¿No decidimos dejar de lamentarnos porque estamos aburridos de estar tristes y nos hemos retirado del mundo? A todos nos gustaría, como a Séneca, tener el valor de renunciar a la pena por voluntad, en lugar de esperar que nos abandone por cansancio.

Tal vez deberíamos elegir dejar de sentirnos atormentados por el dolor en lugar de esperar a que el tiempo aleje al difunto de nuestros pensamientos. Al decidir renunciar al dolor, tal vez no tengamos que pasar por el proceso de borrar todos los recuerdos de la persona amada y perdida. Porque si cada vez que pensamos en el difunto tratamos de ahuyentar la idea para no dejarnos llevar por la pena, este reflejo corre el riesgo de alejarnos cada vez más de él o ella, hasta que tal vez, un día, olvidemos cuánto le queríamos. Deseemos, como Séneca, conservar el valor de recordar a la persona que hemos perdido; no apartarla para siempre de nuestros pensamientos solo porque nos resulte doloroso recordar su muerte.

¿CÓMO PODEMOS PERDER EL MIEDO A LA MUERTE?

Durante una estancia en el hospital, es difícil escapar del miedo a la muerte: ¿y si no me despierto después de esta operación? Aunque este es un miedo común a todos, en el día a día intentamos fingir que realmente no tememos nuestra muerte, sino la de nuestros seres queridos. Sin embargo, en los momentos en que nos arriesgamos a morir, ¿quién podría decir con orgullo que no siente miedo?

El miedo a la muerte puede llevar a los más ansiosos a evitar cualquier actividad peligrosa. De este modo, podríamos comenzar a prescindir de las autopistas, aunque sean más seguras que las carreteras comarcales, porque a ciento veinte kilómetros por hora cualquier accidente es mortal. Podríamos renunciar a hacer excursiones en la montaña, porque si tropezamos a mil metros de altura, moriríamos. Podríamos, también, negarnos a los análisis de sangre, por miedo a fallecer a causa de una mala praxis. Pero, razonando de esta manera, ¿no corremos el riesgo de quedarnos siempre encerrados en casa e incluso de morir por miedo a los tratamientos y las cirugías médicas? Lo más razonable sería deshacernos de este miedo, pero a veces eso significa transformar todas nuestras creencias. En el caso de que no podamos hacerlo por nosotros mismos, es posible que al menos consigamos evitar transmitir nuestros miedos a los demás. Como escribe Rousseau en *Emilio*, «puedes tomar precauciones para que [tu hijo] no muera; sin embargo, tendrá que morir». Al niño hay que enseñarle a vivir. Deshacerse del miedo a la muerte sería, por tanto, un cambio de creencias que dirigiríamos primero al niño que estamos educando antes que a nosotros mismos.

> **Vivir no es respirar, es obrar, hacer uso de nuestros órganos, nuestros sentidos, nuestras facultades, de todas las partes de nosotros mismos que nos dan el íntimo convencimiento de nuestra existencia. No es aquel que más ha vivido el que más años cuenta, sino el que más ha disfrutado de la vida. Tal fue enterrado a los cien años, que ya era cadáver desde su nacimiento. Más le hubiera valido morir en su juventud, si a lo menos hubiera vivido hasta entonces.**
>
> JEAN-JACQUES ROUSSEAU, *EMILIO O DE LA EDUCACIÓN*, 1762

El miedo a morir nos hace morir incluso antes de nacer, porque todos los pensamientos que la dedicamos, todo lo que no hacemos por su causa son cosas que nos harían vivir. La llamada del vacío, en las montañas, despierta el corazón. El temblor de las piernas después de un paseo en moto nos hace sentir la firmeza de la tierra. Las aventuras solo lo son si están hechas de riesgos.

El fragmento de *Emilio* puede darnos el valor que nos falta en vísperas de una acción de la que preferiríamos abstenernos por miedo a la muerte. Cuando nos resistimos a dar todo nuestro amor a un ser vivo por miedo al dolor que nos causaría su pérdida, cuando tenemos la tentación de renunciar a todo porque no sobreviviremos al mundo que estamos ayudando a construir, podemos también leer a Rousseau y reírnos de tener tanto miedo a cosas que nadie puede evitar. ¡Deshacerse del miedo a la muerte es también resistir a la tentación del poshumanismo, el sueño de la criogenización y otros caprichos de quienes buscan una inmortalidad imposible, en lugar de vivir la única vida que tienen!

EL MUNDO INTERIOR

EL CUERPO

El cuerpo es la envoltura que nos permite movernos por los distintos lugares, percibirlos a través de los sentidos, es la única imagen que damos de nosotros mismos. La mente puede corregir la opinión que la gente tiene de nosotros, pero no de esta imagen. El cuerpo es la apariencia que no elegimos y que solo podemos transformar en cierta medida.

¿Debemos desconfiar de este cuerpo que encarnamos y que a veces nos engaña acerca de lo que es el mundo? ¿Debemos amar necesariamente esta envoltura mortal? ¿Somos nuestro cuerpo?

¿SOMOS NUESTRO CUERPO?

Aunque creamos que podemos elegir quiénes somos por dentro, llevar nuestra mente en una dirección determinada, cambiar nuestra personalidad, en realidad nuestro cuerpo no nos pertenece. Somos bajos, nos ven bajos y nada puede cambiarlo. Si tenemos una enfermedad incurable, no podemos hacerla desaparecer, ni siquiera poniendo toda nuestra voluntad en ello. Nos puede gustar mucho determinado deporte, pero no tener un cuerpo adecuado para él.

Este cuerpo, al que a veces guardamos rencor, es el que demuestra que seguimos vivos, para nosotros y para los demás. La mente solo se expresa a través del cuerpo: la voz con la que formulamos pensamientos, gestos, risas, expresiones faciales. ¿Cómo no íbamos a volver a esta materialidad del cuerpo? Cada uno de nosotros solo tiene una experiencia sensible del mundo: no nos hablamos entre nosotros de mente a mente. En ese sentido, somos nuestro cuerpo más que cualquier otra cosa. ¿Es la mente solo una invención, una disociación artificial de nosotros mismos? ¿Somos nuestro cuerpo?

> Examiné después atentamente lo que yo era y, viendo que podía fingir que no tenía cuerpo alguno y que no había mundo ni lugar alguno en el que yo me encontrase, pero que no podía fingir por ello que no fuese, sino al contrario, por lo mismo que pensaba en dudar de la verdad de las otras cosas, se seguía muy cierta y evidentemente que yo era, mientras que, con solo dejar de pensar, aunque todo lo demás que había imaginado fuese verdad, no tenía razón alguna para creer que yo era, conocí por ello que yo era una sustancia cuya esencia y naturaleza toda es pensar, y que no necesita, para ser, de lugar alguno, ni depende de cosa alguna material; de suerte que este yo, es decir, el alma por la cual yo soy lo que soy, es enteramente distinta del cuerpo y hasta más fácil de conocer que este, y, aunque el cuerpo no fuese, el alma no dejaría de ser cuanto es.
>
> RENÉ DESCARTES, *DISCURSO DEL MÉTODO. MEDITACIONES METAFÍSICAS*, 1637

Si lo deseamos, podemos experimentar rechazando todo lo que consideramos cierto: dejar de creer en nuestras percepciones, no dar nada por sentado, incluso imaginar que un genio maligno se divierte engañándonos. Al final, llegaremos a una primera certeza, la de nuestra existencia. Porque incluso si, al igual que Neo, el protagonista de *Matrix,* descubriéramos un día que el mundo que creemos nuestro no existe, que nuestras percepciones solo son producto de líneas de código, nuestra existencia no se pondría en tela de juicio. Para ser engañados, tenemos que ser algo. Aunque no sepamos definir lo que sería nuestra alma, podemos mantener la creencia de que esta entidad no se corresponde exactamente con nuestro cuerpo. Podemos dejar de creer en nuestras percepciones, pero eso presupone que seguimos pensando.

Lo que somos es un poder de asentimiento y rechazo. Somos la capacidad de decir «sí» y «no» a las percepciones y creencias. También somos una decisión de amar o de huir, una aspiración a convertirnos en algo distinto de lo que somos. Si somos nuestro cuerpo, si los materialistas tienen razón al decir que no existe nada más allá de los impulsos eléctricos de nuestro cerebro, nuestra experiencia es, sin embargo, la de una disociación entre mente y cuerpo. Y si queremos, podemos rechazar la posibilidad de identificarnos con nuestro cuerpo, es una prerrogativa de la mente que ningún materialista puede arrebatarnos.

¿PODEMOS CONFIAR EN NUESTROS SENTIDOS?

¿Qué pasaría si nosotros, como en la película *Matrix,* también viviéramos en una matriz, una secuencia de números que codificara nuestro mundo? ¿Y si fuéramos cerebros conectados a un conjunto de electrodos que nos mantuvieran en un mundo virtual? La posibilidad de un mundo espiritual paralelo al del cuerpo es a la vez aterradora y seductora. Imaginar que todo lo que experimentamos fuese una ilusión, es dar una explicación única a todos los misterios de la vida.

A veces, podemos dudar del mundo que nos rodea. No accedemos a él directamente, sino a través de los sentidos, en los que tenemos que confiar. Pero nuestros cinco sentidos son falibles: por ejemplo, cuando sumergimos un palo en el agua, nos parece que está partido en dos, cuando en realidad no es así. Podemos corregir esta ilusión óptica tocándolo, pero la primera vez que nos exponemos a una ilusión podemos confundirla con la realidad. ¿Qué nos garantiza entonces que no estamos atrapados permanentemente en ilusiones? ¿Es el cuerpo que habitamos un buen recipiente para acceder al conocimiento?

> “Por consiguiente, la educación sería el arte de volver este órgano del alma del modo más fácil y eficaz en que puede ser vuelto, mas no como si le infundiera la vista, puesto que ya la posee, sino en caso de que se lo haya girado incorrectamente y no mire adonde debe, posibilitando la corrección.
>
> PLATÓN, *REPÚBLICA,* SIGLO IV A. C.”

En el libro VII de *República,* Platón construye una alegoría: «Represéntate hombres en una morada subterránea en forma de caverna, que tiene la entrada abierta en toda su extensión, a la luz». Describe a los hombres encadenados en el fondo de una caverna, mirando sombras. Uno de ellos es arrastrado fuera de la caverna y descubre el fuego detrás de él y de los demás prisioneros. Él, que nunca había conocido otra cosa que la oscuridad, que solo había contemplado las sombras en la pared de la caverna, tomándolas por la realidad, queda cegado por los rayos del sol. ¿Cómo puede creer que lo real es el sol quemándole los ojos? ¿Cómo puede aceptar sin resistencia que todo lo que creía era ilusorio? Él, que interpretó los movimientos de las sombras en la pared de la cueva, ha visto ahora las estatuillas reales que producían esas sombras. ¡Ninguna de las historias que había oído tiene ya valor alguno! Debe hacer borrón y cuenta nueva de sus certezas.

A menudo se interpreta erróneamente la alegoría de la caverna como una condena del cuerpo, como una forma equivocada de relacionarse con el mundo. Pero ¡eso no es lo que escribió Platón! El cuerpo es el medio de relacionarnos con lo sensible; el alma, sin embargo, debe elevarse hasta las ideas. El cuerpo no miente. Somos nosotros los que nos engañamos cuando le exigimos que nos dé algo más que información sensible del mundo. Con sus ojos, el prisionero ve manchas oscuras moviéndose en la pared de la cueva. Se equivoca cuando las toma por seres libres cuando no son más que sombras. Su cuerpo nunca le ha dicho que fueran espíritus o sombras. Lo único que hizo fue darle una visión. En otras palabras: el hecho de que a veces malinterpretemos la información que nos dan los sentidos no significa que debamos dejar de confiar en ellos y temamos que todo el mundo sea una ilusión. El culpable solo es nuestro juicio. Puedo confiar en mis sentidos, pero no debo considerar que son suficientes para conocer el mundo. El cuerpo percibe, pero es el alma quien debe juzgar.

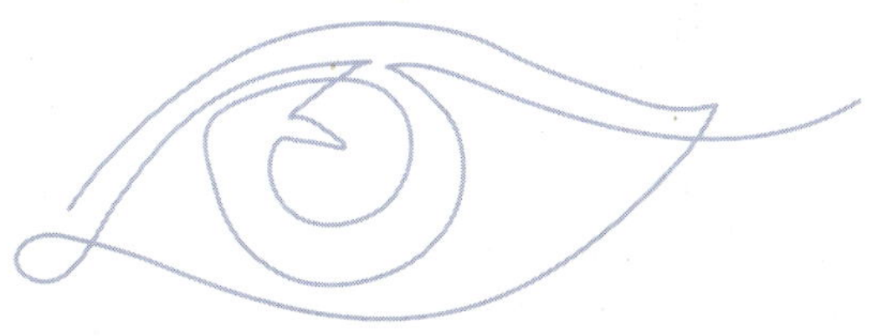

¿ESTAMOS EN LO CIERTO AL DECIR QUE EL TIEMPO PASA?

De un día para otro no nos damos cuenta de que estamos cambiando. Una noche, descubrimos la huella de una nueva arruga en la frente. Nos preocupamos y entonces recordamos que ese día hemos fruncido el ceño durante varias horas a causa del sol. Al día siguiente, la arruga desaparece; pero al mes siguiente, su sombra vuelve a aparecer, para esfumarse de nuevo. Al final, acaba convirtiéndose en algo más que una sombra, dibujando un surco permanente, visible incluso cuando nuestro rostro está relajado. Miramos una foto antigua de una época en que la aún no habían aparecido las arrugas y decimos: «¡Cómo pasa el tiempo!».

Pero ¿no nos engaña esta expresión anodina sobre la naturaleza del tiempo? A lo mejor nos imaginamos que pasa y por eso lo perseguimos. A veces utilizamos la metáfora del arroyo para describir el tiempo: como si estuviéramos a la orilla de un arroyo y tratáramos de correr más rápido que el agua para interrumpir su flujo. El arroyo sería el movimiento, nosotros, los espectadores, frustrados por no poder detenerlo.

> **El cambio supone cierto lugar en que me sitúo y desde donde veo desfilar a las cosas; no hay acontecimientos sin un alguien al que ocurren y cuya perspectiva finita funda la individualidad de los mismos. El tiempo supone una visión, un punto de vista, sobre el tiempo. No es, pues, una corriente, no es una sustancia que fluye.**
>
> MAURICE MERLEAU-PONTY, *FENOMENOLOGÍA DE LA PERCEPCIÓN*, 1945

Esta metáfora del tiempo como una corriente es engañosa, pues no hay nada en el mundo que escape al tiempo. El mundo está en el tiempo. No podemos decir que el tiempo pasa, porque eso presupondría un punto inmóvil en el mundo —el lado de la corriente, si tomamos la imagen de Merleau-Ponty— desde el que podríamos observar el cambio. Pero este punto inmóvil no existe: las fotos antiguas que muestran un rostro distinto al que tenemos hoy no son huellas del paso del tiempo. No es este el que ha transcurrido, somos nosotros los que, porque estamos cambiando, asumimos la existencia de un eje temporal sobre el que situar estas transformaciones. En realidad, fuera de nosotros, no hay tiempo; en el universo, no hay tiempo que sea independiente del espacio.

Así pues, todas las temporalidades que establecemos son relativas: un mes es una doceava parte del recorrido de la Tierra alrededor del Sol. La duración que experimentamos corresponde a una distancia recorrida. Posiblemente esta sea la razón por la que decimos, abusando del lenguaje, que el tiempo pasa; comenzamos por tomar un tiempo de un movimiento —como la rotación de los planetas— y después olvidamos la artificialidad de esta medida. Tomamos ese movimiento como un punto de referencia fijo, un eje cronológico donde podemos situar los acontecimientos. En realidad, somos nosotros quienes hemos asumido ese eje. No hay tiempo, solo hay espacio y movimiento. El tiempo no pasa. Nos movemos y, al igual que el universo, perduramos transformándonos nosotros mismos. En otras palabras, no podemos perseguir al tiempo, intentar aferrarnos a él, o lamentar que haya pasado tan deprisa. No hay un eje temporal absoluto fuera de nosotros, solo puntos de referencia relativos que elegimos nosotros mismos, y que nos dan la impresión de estar viviendo a veces demasiado despacio, y otras demasiado deprisa. Si existe una corriente, no tiene orillas: nos arrastra con ella.

¿TENEMOS QUE QUERERNOS A NOSOTROS MISMOS PARA PODER QUERER A LOS DEMÁS?

No es fácil amar nuestro cuerpo. ¡Tan pronto nos acostumbramos a él, comenzamos a envejecer y a cambiar! Pero a menudo escuchamos que está mal que no nos guste. Nos dicen: «Acéptate tal y como eres», «te tiene que gustar tu cuerpo», «para poder querer, primero tienes que quererte a ti mismo». ¿Estas recomendaciones tienen alguna base? ¿Al seguir el mandato de quererse a uno mismo al pie de la letra antes de poder dirigirnos a los demás, no corremos el riesgo de amarnos solo a nosotros mismos en detrimento de los otros? ¿El recordatorio incesante de la necesidad de quererse a uno mismo no produce individuos egoístas y narcisistas?

Si solo «escuchamos» nuestras propias necesidades, corremos el riesgo de ver a los demás como un obstáculo para nuestra propia realización, y ser incapaces de darnos cuenta de que necesitamos que los demás se adapten a nosotros, debido a los problemas que encontramos. Incluso, podemos perder la capacidad de ponernos en el lugar de otras personas, de empatizar con ellas. ¿Tenemos que querernos a nosotros mismos para querer a los demás, o el llamado amor a uno mismo se produce a expensas del amor a los demás?

> **No deben confundirse el amor propio y el amor de sí mismo, dos pasiones muy diferentes por su naturaleza y por sus efectos. El amor de sí mismo es un sentimiento natural que lleva a todos los animales a velar por su propia conservación, y que, guiado en el hombre por la razón y la piedad, produce la humanidad y la virtud. El amor propio no es más que un sentimiento relativo, ficticio, nacido en la sociedad, que lleva a cada individuo a hacer más caso de sí que de nadie, que inspira a los hombres todo el mal que se hacen mutuamente y que es la fuente verdadera del honor.**
>
> JEAN-JACQUES ROUSSEAU, *DISCURSO SOBRE EL ORIGEN Y LOS FUNDAMENTOS DE LA DESIGUALDAD ENTRE LOS HOMBRES*, 1754

El amor a uno mismo es algo que nos resulta natural, como a cualquier otro animal, es decir, velamos por «nuestra propia conservación», escribe Rousseau. Si descuidáramos este sentimiento no podríamos amar a los demás; cuando cuidamos de nosotros mismos, cuando satisfacemos nuestras necesidades, también cuidamos de la especie a la que pertenecemos. Este amor a uno mismo no excluye al resto de los seres humanos; es el soporte de la virtud que nos impulsa a amarlos. El problema con el mandato de amarse a sí mismo es que muchos lo interpretan como una invitación a desarrollar el amor propio. Este sentimiento corresponde a amarse a uno mismo más de lo que se ama a los demás, a distinguirse de la especie para proteger ante todo los propios intereses, despreciando los de los otros. ¿Cómo puede un sentimiento así ayudarnos a amar?

Tenemos que amarnos a nosotros mismos en el sentido de que no debemos renunciar a la propia conservación por el bien de los demás, pero eso no significa que tengamos que pensar únicamente en nosotros mismos y alimentarnos del amor propio, que es precisamente lo que se interpone en el camino de amar a otra persona.

A quien diga que sus complejos se entremezclan en su vida amorosa porque las dudas, las preocupaciones y las preguntas ocupan todo el espacio que de otro modo se dedicaría al amor mutuo, no deberíamos aconsejarle amarse a sí mismo. ¡Ya tiene demasiada autoestima! ¿Qué son estos complejos sino una señal de que «nos preocupamos más por nosotros mismos que por los demás»? Nuestro consejo es que se deshagan del amor propio, que se basa en la comparación sistemática con el otro, y que se dediquen al amor a uno mismo, que no excluye al otro, aunque sea una relación de uno consigo mismo. Lo que nos impide amar al otro es la comparación con el otro, la misma comparación que hiere nuestro amor propio.

¿ES MEJOR COMPROBARLO TODO O CONFIAR?

A menudo pensamos en la desconfianza como una forma de protegernos de la decepción y la traición. Esta regla, que nos imponemos cuando nos negamos a confiar, se puede aplicar incluso a pequeños gestos cotidianos: coger un paraguas —aunque la previsión meteorológica no dé lluvia— «por si acaso». Por supuesto, solo recordamos los días en que nuestra predicción se confirma, cuando nos decimos con orgullo: «¡Qué bien que traje el paraguas!». Es una mezcla de duda, cautela y anticipación. El problema es que si pensamos demasiado en términos de «por si acaso», acabamos llevándonos la casa a cuestas.

La tesis de Wittgenstein en *Sobre la certeza* es simple pero revolucionaria: todas nuestras certezas se basan, en última instancia, en la confianza. Busquemos la prueba que busquemos, siempre podemos pedir más. La verificación es un proceso infinito y, nos guste o no, acabamos confiando en los demás.

> **Cualquier prueba, cualquier confirmación y refutación de una hipótesis, ya tiene lugar en el seno de un sistema. [...] El sistema no es el punto de partida, sino el elemento vital de los argumentos.**
>
> LUDWIG WITTGENSTEIN, *SOBRE LA CERTEZA*, 1969*

La confianza, el sistema en el que construimos certezas, es un «entorno vital»; es imposible escapar de él, porque sin él no podemos saber, decir ni pensar nada. Siempre acabamos confiando y esto no significa, según Wittgenstein, que nuestro razonamiento tenga un punto de fragilidad. Por el contrario, esta confianza es necesaria para todo razonamiento. ¡No debemos tratar de reemplazarla con pruebas o verificaciones! Esta tesis también se aplica a las observaciones basadas en nuestros sentidos. Por ejemplo, si veo que hay una mesa en una habitación, y después salgo de la habi-

---

* Esta obra fue publicada a título póstumo. Estos fragmentos fueron escritos entre 1949 y 1951.

tación, ¿quién me asegura que la mesa no se ha movido en mi ausencia, entre el momento en que noté su presencia por primera vez y el momento en que volví para comprobar que todavía estaba allí? Tengo que confiar en la permanencia de la experiencia, es decir, en el hecho de que los objetos inanimados no pueden empezar a moverse por sí solos para confiar en que la mesa siempre estará ahí. Confío en la previsibilidad de los objetos que me rodean, y tan pronto como observo un fenómeno que se repite, deduzco que siempre será como lo he observado.

Así pues, la confianza no es el resultado de un cálculo racional, siempre está ahí, incluso cuando uno quiere resistirse a ella. Comprender este principio puede transformar todas nuestras creencias; la desconfianza que practicamos para protegernos del mundo parece más peligrosa que la confianza. Puesto que confiamos en todos los casos, es mejor saberlo que mentirnos a nosotros mismos. Es mejor creer y saber que se cree que tener la ilusión de una prueba. Por tanto, no se trata de atrevernos por fin a confiar, sino de darnos cuenta de que ya confiamos, nos guste o no. ¡En lugar de lamentarnos, alegrémonos de que la confianza sea nuestra sangre vital!

¿DEBEMOS SOÑAR CON LA INMORTALIDAD?

El cuerpo que ocupo me da acceso al mundo. No puedo hacer nada sin él, pero precisamente porque lo es todo para mí, su principal defecto me resulta intolerable: no está destinado a durar eternamente. Puedo preocuparme a diario por el envejecimiento de mi cuerpo por razones estéticas —echo de menos la belleza o la juventud perdida, los rasgos que reconocía como propios y que ahora apenas son perceptibles—, pero ¿no se esconde otro temor tras mis preocupaciones superficiales? Cuando tratamos de ocultar el pelo blanco o esa mancha marrón que acaba de aparecer en la mano, ¿solo queremos parecer más jóvenes a ojos de los demás o más bien esperamos retrasar nuestra propia muerte?

Intentamos limitar las huellas del envejecimiento en nuestro cuerpo, pero también prevenir todas las enfermedades que podrían amenazarlo. A la pregunta «¿Cuál es tu deseo más querido?», muchos responderían, reflexionando, que ser inmortales, y agregarían, tal vez, que sus seres queridos también lo fuesen. Pero ¿debemos soñar con la inmortalidad? ¿Son compatibles los proyectos transhumanistas de criogenización —con el objetivo de ser devueltos a la vida en cuanto se hayan inventado tecnologías que garanticen la inmortalidad del cuerpo— con la humanidad tal y como la conocemos?

> **La seriedad es que, si la muerte es la noche, entonces la vida es el día, y si no se puede trabajar de noche, entonces se puede trabajar de día; y el breve pero impulsor llamamiento de la seriedad, como el breve llamamiento de la muerte, es: hoy mismo. Pues, en la seriedad, la muerte da una fuerza vital que ninguna otra cosa da, nos hace vigilantes como ninguna otra cosa [...].**
>
> **La idea de la muerte tal vez conduzca a la mente más profunda a un sentimiento de impotencia en el que sucumbe sin ningún resorte; al hombre profundo, la idea de la muerte lo induce tal vez a la impotencia, de modo que sucumbe perezosamente al estado de ánimo; pero, al hombre serio, el pensamiento de la muerte le da el correcto ímpetu en la vida y la meta correcta a la que dirige su marcha. Y ningún arco puede tensarse de tal manera ni es capaz de dar a la flecha un ímpetu tal como el que el pensamiento de la muer-**

te es capaz de proporcionar al viviente cuando la seriedad lo tensa. Entonces la seriedad se aferra hoy mismo al presente, no desprecia ninguna tarea por ser demasiado humilde, no descarta ningún tiempo por ser demasiado breve.

SØREN KIERKEGAARD, *DISCURSOS EDIFICANTES. TRES DISCURSOS PARA OCASIONES SUPUESTAS*, 1845 ”

La mortalidad forma parte de la definición del ser humano: somos seres vivos y, por tanto, mortales. Eliminar la muerte significa redefinir la vida, que comenzaría con el nacimiento, pero no terminaría nunca. Ahora bien, ¿cómo sería un ser nacido de la unión de dos gametos cuyo cuerpo fuese inmortal? No podemos imaginarlo.

Frente al deseo de inmortalidad, podemos aducir consideraciones ecológicas o económicas: la inmortalidad plantearía un problema de recursos, porque la Tierra se superpoblaría muy rápidamente. Pero también podemos dar una respuesta metafísica a este sueño, como la que brindó Søren Kierkegaard: la muerte «estimula a los vivos», pues es la muerte la que nos obliga a vivir con urgencia, la que da a cada momento de la vida su valor irreductible. Como no sabemos cuánto tiempo viviremos, no podemos ser exigentes, cada minuto vale más que la muerte. A partir del valor inestimable de cada momento, podríamos llegar a la misma conclusión que los transhumanistas y considerar que sería necesario abolir la muerte a toda costa para hacer infinitos estos preciosos momentos. Sin embargo, eso sería confundir precisamente lo que los hace inestimables: la certeza de la finitud de nuestras vidas.

Nuestro flujo vital, nuestra energía, nuestro entusiasmo, nuestras ganas de vivir, nuestro amor por los que nos rodean, todo nos llega desde nuestra mortalidad. Imaginad que sois inmortales. ¿Qué es lo que os gustaría hacer? Vuestro arco, por usar el ejemplo de Kierkegaard, no podrá disparar ninguna flecha. Aplazarías el perdón a un amigo para no concedérselo nunca. Amarías sin la urgencia de amar. Habiéndote convertido en inmortal estarías, en realidad, muerto para siempre.

LA CABEZA

Cada uno de nosotros le da un nombre diferente —mente, pensamiento, razón...:—, pero tendemos a ubicarla en nuestra cabeza. Una mente que nos parece en parte independiente del cuerpo: es la que nos permite analizar las percepciones que nos da nuestro cuerpo y tomar decisiones.

Pero ¿qué hay dentro de nuestra cabeza? ¿Cuál es la naturaleza de nuestra mente, cómo funciona y qué obsesiones tiene? Y, sobre todo, ¿qué podemos aprender de nosotros mismos? ¿Podríamos estar locos sin saberlo? ¿Es nuestra cabeza, más que nuestro cuerpo, la que nos hace responsable de nuestras acciones?

¿QUÉ PODEMOS APRENDER DE NOSOTROS MISMOS?

Abristeis este libro con la esperanza de aprender algo que os ayudara en el día a día o, al menos, de encontrar nuevas ideas con las que alimentar vuestros pensamientos. ¿Hicisteis bien? ¿La sabiduría está fuera de uno mismo, especialmente en los libros?

No vamos a pretender que es mejor «pensar por uno mismo» y no leer ningún libro. Más bien al contrario, el objetivo de esta obra es compartir pensamientos esclarecedores de filósofos como respuesta a preguntas que, en algunos casos, pueden pasar por nuestra mente sin reflexionar seriamente sobre ellas o que, directamente, nos pueden quitar el sueño. Ahora bien, estos pensamientos, estas citas, estas ideas que se proponen, además de hablarnos del mundo, de la vida, del ser, también pueden ofrecernos medios para analizarnos a nosotros mismos.

> **Quien ingiere en su memoria el exceso de su cólera pasada y hasta dónde esta fiebre lo llevó, ve toda la fealdad de esta pasión mejor que en Aristóteles, y de ella concibe un odio más justo; quien recuerda los males que lo atormentaron, los que le amenazaron. [...] La vida de César no es de mejor ejemplo que la nuestra para nosotros mismos; emperadora o popular, siempre es una vida acechada por todos los accidentes humanos. Escuchémonos vivir, esto es todo cuanto tenemos que hacer; nosotros nos decimos todo lo que principalmente necesitamos.**
>
> MICHEL DE MONTAIGNE, *LOS ENSAYOS*, 1580

Como dice Montaigne, se trata de aprender a «escucharnos vivir»; no debemos tomar como ejemplo la vida de personas ilustres ni tratar de imitarlas. Sus enseñanzas no deben seguirse como leyes externas. Las teorías de los filósofos son pautas que nos permiten volver a nuestra propia experiencia.

A través de la filosofía, lo que podemos comprender sobre nosotros mismos es la práctica de analizar las experiencias pasadas para aprender de ellas. En suma, adquirimos de los filósofos un concepto o un método de análisis que después aplicamos a nosotros mismos.

Por eso, Montaigne sostiene que entendemos mejor que la «ira» es «fea» cuando la experimentamos por nosotros mismos antes que cuando leemos a Aristóteles. Es posible que no seamos capaces de describir o analizar esta ira tan bien como lo hace Aristóteles, pero cuando ya la hemos experimentado estamos doblemente convencidos de que no queremos volver a hacerlo. Por un lado, porque odiaríamos a cualquiera persona desfigurada por semejante pasión, por otro, porque al experimentarla nosotros mismos fue nuestro rostro el que vimos distorsionado por esta emoción. Pero para odiar esta pasión tenemos que ser capaces de ver la deformación que produce la ira, y aquí es donde la lectura de libros de filosofía no resulta del todo en vano.

Ninguna vida es más ejemplar que otra. Cada una está hecha de «accidentes», y si queremos leer la vida de César para saber mejor cómo conducir la nuestra, debemos hacerlo con la intención de releer nuestra propia experiencia a la luz de los análisis que se hacen de la de César. Es decir, nunca debemos ir de ejemplo en ejemplo —queriendo aplicar la vida de un individuo, ilustre o no, a la de otro—, sino volver siempre del ejemplo al concepto o al análisis, antes de aplicarlos a nuestra propia vida. Podemos aprender todo de nosotros mismos, siempre que no lo olvidemos en cuanto lo hayamos vivido, y que tengamos el método adecuado para analizar nuestras experiencias.

¿CÓMO SABER SI ESTAMOS LOCOS?

La pregunta puede parecer incongruente. Sin embargo, todos experimentamos una inquietante diferencia entre nosotros y los demás que, cuando es intensa, puede hacer que nos preguntemos si no hemos perdido la razón. Es posible que tengamos pensamientos obsesivos que nos impidan concentrarnos en una conversación presente. Podemos cambiar bruscamente de una emoción a otra y sentir que no podemos controlarnos. Al mismo tiempo, llevamos una vida normal, con relaciones sociales, un mundo interior y aficiones que no tienen nada que envidiar a las de una persona corriente. Aun así, la duda puede volver a asaltarnos cada vez que surge de nuevo nuestra diferencia. ¿Qué pasaría si estuviéramos locos y nadie se diera cuenta? ¿Qué sucedería si estuviéramos locos y todo el mundo se hubiera percatado de ello, aunque nadie se hubiera atrevido a decírnoslo?

Lo anormal, de lo que la locura es una de sus expresiones, no es más que una desviación estadística de la norma. Es la visión social que tenemos de la enfermedad lo que convierte este «hecho estadístico» en un «tipo normativo de vida», como explica Georges Canguilhem en *Lo normal y lo patológico*. En otras palabras, aun suponiendo que la desviación de la media nos clasifique como patológicos en cuanto a nuestros estados mentales, esto no significa que debamos someternos a tratamiento o ser encerrados. No son los resultados estadísticos los que exigen una respuesta médica, sino la necesidad de adaptarnos para nuestra propia comodidad o la de los demás. Si tenemos un trastorno psiquiátrico, pero llevamos una vida corriente que no nos pone en peligro ni a nosotros ni a los demás, no hay necesidad de acercarnos artificialmente a la norma mediante un tratamiento médico. En realidad, cuando tenemos miedo de estar locos, ¿no es porque damos demasiada importancia a nuestra idea de normalidad?

> **¿No veis acaso a estos hombres severos dedicados a estudios de filosofía o a graves y arduos asuntos, que han envejecido antes de llegar a la plena juventud, por obra de las preocupaciones y la constante y agria agitación de las ideas, que agota el espíritu y la savia vital?**
>
> **ERASMO, *ELOGIO DE LA LOCURA*, 1511**

En lugar de tratar de averiguar si estamos locos, preguntémonos si tenemos una sana relación con la seriedad y la locura. En *Elogio de la locura*, Erasmo da voz a esta última, que habla en primera persona para alabarse a sí misma: es juvenil, mientras que la seriedad y la razón nos harían envejecer. A los que se enorgullecen de dedicar toda su atención a la preocupación, a los que se creen superiores porque son razonables, Erasmo responde que es la locura la que da sabor a la vida. ¿No hacen los niños todo tipo de cosas extrañas, que a un adulto le parecerían una locura, pero que no son más que un juego, no una incapacidad para ser razonables? Lo que adquirimos con la edad quizás no sea la razón, sino la ideología que nos quiere hacer creer que, tras un tiempo, solo la moralidad y la seriedad son dignas de gobernar nuestras vidas.

En sus *Pensamientos*, Pascal también se burla del exceso de confianza en la razón: «Los hombres están tan necesariamente locos que sería loco de alguna otra manera no estar loco». ¡Qué poco razonable es aquel que se cree perfectamente razonable! Dudar de la propia racionalidad, preguntarse si uno está loco, podría ser una clara señal de una mente sana, vivaz y crítica, antes que acusar a todos los demás de locura y pensar que uno está a salvo de este mal. ¿Alguna vez has visto a un loco declarar: «No estoy loco, no, ¡tú eres el que lo está!»?

¿POR QUÉ CREEMOS EN LAS SUPERSTICIONES?

Incluso los más cartesianos a veces nos dejamos tentar por una superstición, especialmente si no supone un gran esfuerzo, como, por ejemplo, evitar pasar por debajo de una escalera o tocar madera. La mayoría de las veces, decimos que no creemos que la acción que emprendemos vaya a tener ningún efecto sobre el curso de los acontecimientos, pero decidimos hacerlo «por si acaso», y este «por si acaso» demuestra nuestra creencia, o nuestra esperanza, en nuestra capacidad para cambiar nuestro destino.

En su obra *Tratado teológico-político*, Spinoza denuncia las supersticiones por las que nos dejamos atrapar y que nos alejan de la verdadera religión. Las supersticiones son más seductoras que la razón porque nos llevan a pensar que la naturaleza se ajusta a nuestra imaginación. En lugar de aceptar las leyes de la naturaleza, las supersticiones son una forma de transformar el orden del mundo de acuerdo con nuestros deseos. Y si la superstición, o la predicción obtenida mediante una técnica de clarividencia, no se traduce en un beneficio en el futuro, cuestionamos nuestra forma de seguir esta superstición —haber hecho lo incorrecto para alejar la mala suerte, haberme equivocado al interpretar las «señales» ocultas, haber leído mal mi tirada de cartas— en lugar de rechazar la práctica supersticiosa en sí misma.

> **La causa de la que surge la superstición, que la conserva y la alimenta, es, por tanto, el miedo.**
>
> BARUCH SPINOZA, *TRATADO TEOLÓGICO-POLÍTICO*, 1670

Según Spinoza, la institución religiosa también se apoya en la superstición para gobernar a los fieles. En lugar de educarlos en la libertad y la razón, la religión a menudo se basa en la superstición para seducir a los creyentes, porque es más fácil acceder a ella. No podemos conocer el futuro, y la superstición es una respuesta a esta impotencia; nos consuela con ideas y prácticas simplistas que nos hacen sentir menos pasivos con respecto a nuestro destino.

El «miedo» que está en el origen de la superstición es el que encontramos en la «adversidad»; cuando nos sentimos amenazados y desamparados, cedemos a la superstición para evitar la desgracia que tememos. Es tanto el miedo a un futuro incierto como el deseo desmesurado de objetos difíciles de alcanzar lo que alimenta nuestras supersticiones. Por otro lado, en la «prosperidad», incluso los más inexpertos, según Spinoza, se muestran sabios. Dicho de otro modo, las supersticiones suelen entrar en juego cuando tememos la desgracia, más que como herramienta para ganarse el favor del destino, aunque también pueden tener esta función, como en el caso de los amuletos de la buena suerte.

Creemos fácilmente en las supersticiones porque coinciden con nuestra imaginación; nuestros deseos son los que producen las supersticiones, por lo que nuestra mente se inclina a creerlas. La naturaleza incierta del futuro y de las leyes de la naturaleza es menos fácil de aceptar que la promesa que ofrecen las creencias, por frágiles que sean. Las supersticiones son seductoras porque son reconfortantes y tienen la ventaja de presentarse siempre como juegos en los que no creemos realmente... lo que nos disuade de descartarlas.

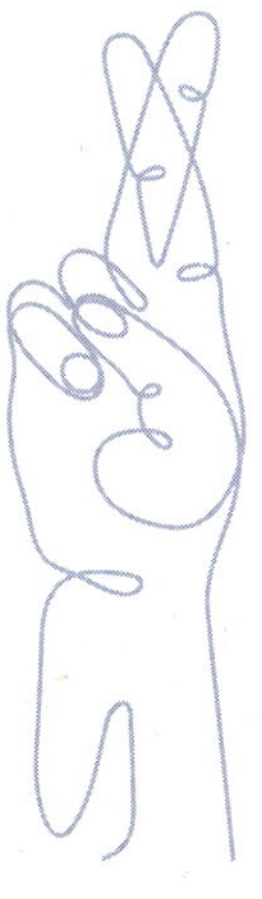

¿POR QUÉ NO TOLERAMOS NUESTRA IGNORANCIA DEL FUTURO?

¿Cuántas veces, sin ningún motivo, hemos mirado la aplicación meteorológica para averiguar el pronóstico del día siguiente? No teníamos nada planeado y, sin embargo, por un acto reflejo, queremos saber qué tiempo va a hacer. La predicción meteorológica, aunque parezca trivial, nos da la impresión de tener un poder del que estamos privados en el resto de nuestras experiencias cotidianas: el de predecir el futuro. ¿Quién no ha pensado alguna vez, «si pudiera averiguar lo que va a pasar, sabría cuál sería la mejor decisión que debo tomar»? No toleramos la incertidumbre. Queremos saber: ¿Cuánto tardará en pasar el autobús? ¿Tiene futuro esta relación? ¿Cuál es la probabilidad de que desarrollemos esa enfermedad en el plazo de un año? ¿Si voy por la autopista hoy a esta hora concreta del día me arriesgaré a sufrir un accidente? Cuanta más incertidumbre hay sobre un tema que es importante para nosotros, más terrible es no poder reducirla.

Sin embargo, a pesar de esta aparente intolerancia a la incertidumbre, vemos deportes, películas de suspense, disfrutamos de las sorpresas buenas, tres cosas que, si conociésemos el futuro de antemano, serían imposibles. Para algunos, este placer se acerca al masoquismo: ven el partido de fútbol con la cabeza escondida bajo una manta cuando su equipo favorito juega la prórroga, se preguntan si la película acaba bien o mal antes de ir al cine. Son radicalmente intolerantes con la incertidumbre, pero su miedo a lo desconocido es compartido por todos cuando ya no se trata de entretenimiento, sino de incertidumbres que pueden transformar nuestras vidas.

> En un buen orden psicológico, pues, lo decisivo no es la suma de lo que hemos sido, sino de lo que anhelamos ser: el apetito, el afán, la ilusión, el deseo. Nuestra vida, queramos o no, es en su esencia misma futurismo. El hombre va siendo llevado *—du bout du nez—* por sus ilusiones.
>
> JOSÉ ORTEGA Y GASSET, *¿QUÉ ES FILOSOFÍA?*, 1929

Somos seres con visión de futuro, como escribe Ortega y Gasset. Nuestra identidad tiene más que ver con hacia dónde vamos que con lo que ya hemos logrado. Por supuesto, este punto al que nos referimos puede estar en consonancia con nuestras experiencias pasadas, pero es el punto al que apuntamos el que dice todo de nosotros en el presente. Nuestro presente corresponde a una flecha hacia el futuro; estamos deformados por lo que sucederá mientras queremos que suceda. Somos llevados «por la punta de la nariz», en lugar de balancearnos sobre nuestras dos piernas, nos arrastra hacia adelante esta nariz, nos succionan nuestros deseos, vueltos hacia el futuro. Nuestro rechazo a la incertidumbre es, por tanto, una forma de ir contra nosotros mismos.

Siempre estamos «preocupados», escribe Ortega y Gasset, una preocupación que hay que tomarla en su sentido literal: vamos por delante de nosotros mismos, preocupados por lo que todavía no es. Precisamente porque estamos preocupados, nuestro reflejo es rechazar la incertidumbre inherente al futuro. Puesto que nos guiamos por ella, como solo pensamos en ella, nos resulta intolerable no conocerla. Rechazar esta incertidumbre es ser un «mediocre» toda la vida, según Ortega y Gasset. En lugar de soñar con un futuro que se ajuste al presente, un futuro sin sorpresas, sin decepciones, debemos aceptar nuestra condición, es decir, estar preocupados, existir en el presente, siempre detrás de nuestra «nariz» que ya está un paso más allá que nosotros, pero que no puede decirnos lo que huele.

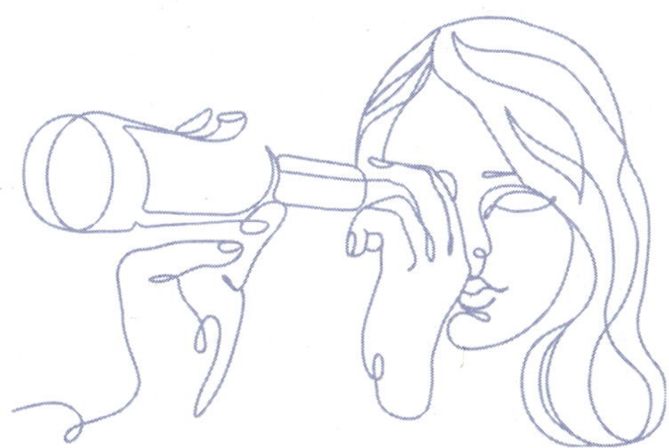

¿SOMOS RESPONSABLES SOLO DE LO QUE QUEREMOS?

Podemos cometer un error sin habérnoslo propuesto. Entonces disociamos nuestro cuerpo, que puede haber hecho algo mal, de nuestra cabeza, que es el lugar de la voluntad. Abogamos por la naturaleza involuntaria del acto; la cabeza es, en nuestra opinión, inocente. Pero lo involuntario no basta para eludir el castigo: si distinguimos el homicidio voluntario del involuntario y consideramos que este último es menos grave, castigamos ambos tipos de homicidio. De manera similar, en la vida cotidiana, si le piso el pie a alguien y digo: «Lo siento, no lo hice a propósito», su dolor puede hacer que se enfade conmigo; sin embargo, intentará reprimir su ira recordando que mi acción fue involuntaria. En otras palabras, a menudo se considera que solo somos plenamente responsables de lo que pretendemos, aunque se nos pueda declarar culpables de actos con consecuencias no intencionadas.

Pero ¿no nos lleva este punto de vista a una dudosa separación entre acción e intención? ¿Podemos decir que solo buscábamos parte de las consecuencias de nuestro acto? En *La intención*, Elizabeth Anscombe se opone a la visión mentalista de la intención. Según la filósofa, la intensidad no es independiente de la acción y no podemos elegir ser responsables solo de una parte de las consecuencias de una acción. Pone el ejemplo de un hombre que bombea agua contaminada y envenena a los habitantes de una aldea. ¿En qué condiciones se puede decir que tenía la intención de envenenarlos? ¿Está clara su intención para sí mismo?

> **Porque después de todo podemos *formarnos* intenciones, pero si estas fueran un movimiento interior, parecería que podemos escoger entre tener determinada intención y no tener otras, únicamente con decirnos a nosotros mismos: «Lo que pretendo hacer es ganar mi salario, no envenenar el hogar»; o «lo que *quiero* hacer es ganarme la vida y no envenenar a los inquilinos», o «lo que *quiero* es ayudar a que esos hombres honestos accedan al poder; mi intención no está referida al acto de envenenar a los habitantes del edifico, pues prefiero pensar que este último se desarrolla sin que en él interven-**

ga mi intención». La idea de que podamos determinar nuestras intenciones mediante discursitos interiores como este es una evidente tontería.

ELIZABETH ANSCOMBE, *LA INTENCIÓN*, 1957

El ejemplo que estudia Elizabeth Anscombe le permite defender la idea de que cualquiera que bombee agua contaminada a sabiendas podría declarar que lo hace solo para ganarse su salario. En cuyo caso, no se podría decir que tiene la intención de matar a los aldeanos; por otro lado, no podría bombear esa agua contaminada para ayudar a los nuevos jefes a hacerse con el poder en la aldea —si esa era la consecuencia esperada del envenenamiento— y declarar al mismo tiempo que no quería envenenar a los aldeanos —porque sabía que era un medio para el otro fin que perseguía—. No es posible reclamar solo algunas de las consecuencias de nuestros actos. La intención no es un «discursito interior» en el que resolvemos lo que nos conviene o no.

La intención se entiende a partir de la acción, no es una cosa mental que podamos elegir y organizar a nuestro antojo. No puedo decirle a alguien a quien le he sido infiel que mi intención no era causarle dolor. Cuando elijo engañar, tengo la intención de herir, al igual que tengo la intención de complacerme a mí mismo y tal vez también de complacer a otra persona. ¡Esconderme detrás del hecho de que imaginé que esta infidelidad nunca se sabría no cambia mi intención! Si solo soy responsable de lo que pretendía hacer, de lo que realmente quería, es a condición de que tenga en cuenta todas mis intenciones, y no solo una parte de ellas —esas que me atrevo a admitir—.

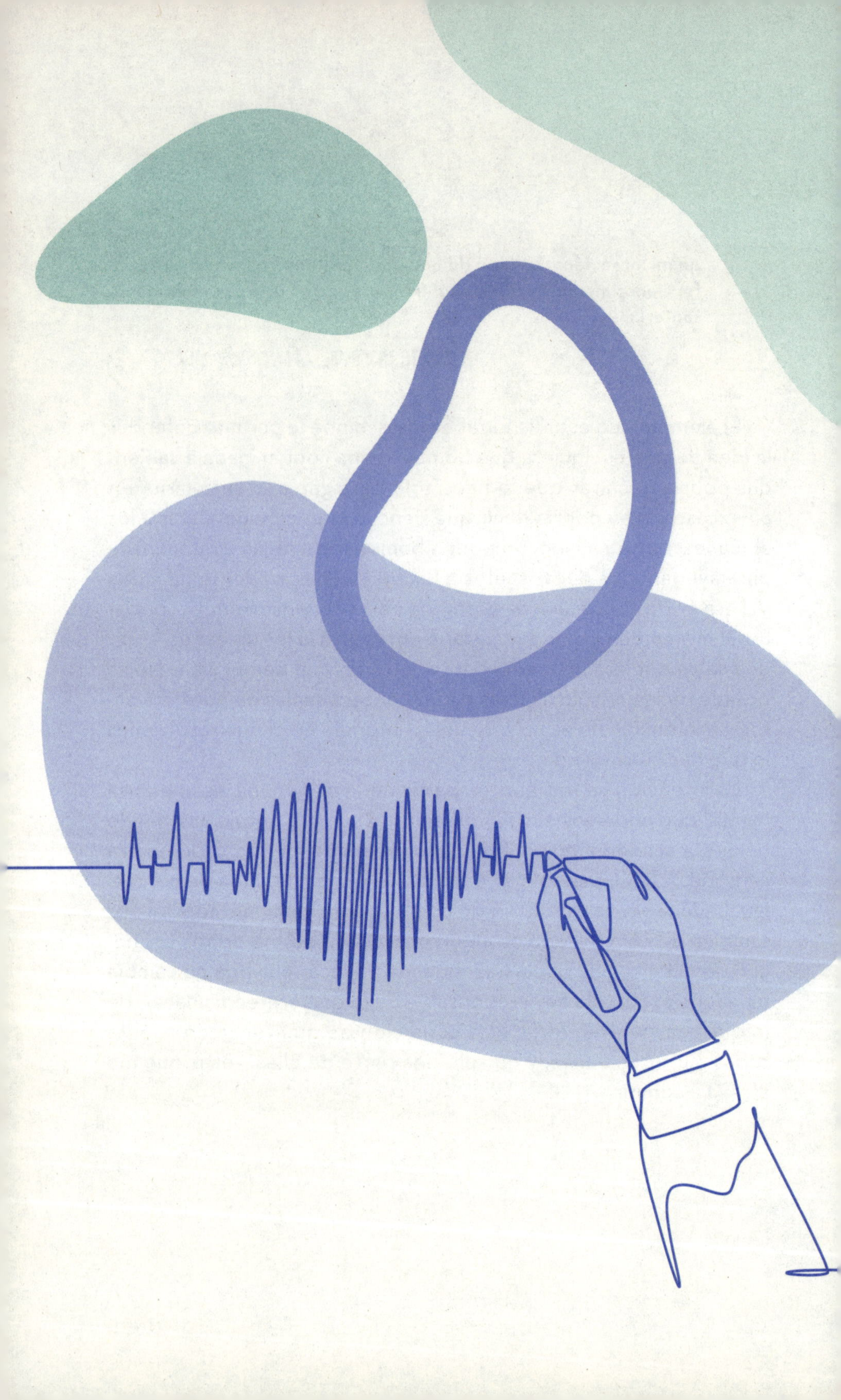

EL CORAZÓN

Hemos llegado al lugar más íntimo. En esta aventura interior todavía tenemos que explorar el corazón, no solo en el sentido del órgano que simboliza el amor, sino como un lugar donde nos refugiamos cuando no queda nada más. Es el corazón, al que consulto si me siento perdido, si ya no sé quién soy ni qué quiero. También el corazón como origen del deseo de vivir; si se nos arranca, perdemos el impulso vital. El corazón, que puede seguir siendo saltarín, ligero, burlón, suave, palpitante, incluso cuando nuestro mundo se derrumba.

¿QUÉ HACER CUANDO NOS SENTIMOS PERDIDOS?

A veces, el vértigo nos hace abandonar el lugar en el que estamos: el dormitorio, el salón, la oficina o el autobús. De repente, ya no estamos allí. Examinamos nuestro yo interior y no sabemos dónde nos encontramos. Oímos los latidos de nuestro corazón, sentimos el aire que penetra en nuestros pulmones, respiramos para dejar entrar más y más, el corazón se acelera. Entonces, la voz que anuncia las paradas en el autobús nos marea, tenemos que levantarnos y bajar. Una pregunta íntima flota en el aire, en esa transición entre nuestro yo interior y el imperativo de acción propio del espacio que atravesamos: ¿qué hago aquí?

Podemos perdernos en la ciudad, no literalmente, sino perdernos a nosotros mismos en el sentido de no saber qué estamos haciendo, a dónde vamos, qué sentido tiene nuestra existencia, cómo nos encontramos con ese(a) novio(a), qué pasó entre mi juventud, que fue ayer, y este día en que nos encontramos, cansado(a)s, aplastados por las responsabilidades. Mi corazón se examina a sí mismo, pero permanece en silencio, no sabe cómo decirme quién soy. ¿Qué debemos hacer cuando nos sentimos perdidos? ¿Debemos aferrarnos a ese corazón, con la esperanza de encontrar un «yo» real, olvidado, que nos permita responder a todas las preguntas que nos hacemos?

> “Dirijamos la mirada a un trozo de tiza; cerramos y abrimos los ojos. Tenemos entonces dos percepciones, y decimos en consonancia que vemos la misma tiza dos veces. Tenemos, pues, contenidos separados en el tiempo, e intuimos también una disociación fenomenológica temporal, una separación, pero en el objeto no hay separación ninguna, es siempre el mismo: en el objeto, duración; en el fenómeno, cambio.
>
> EDMUND HUSSERL, *LECCIONES DE FENOMENOLOGÍA DE LA CONCIENCIA INTERNA DEL TIEMPO*, 1916 ”

Para calmar la ansiedad, para sentir el peso del cuerpo en los pies en lugar de vértigo en el corazón, podemos volver a la percepción. Porque si nos sentimos perdidos, el corazón dice cualquier

cosa y todo. Podemos empezar a escuchar lo que creemos que es una voz interior, pero esta, llevada por la angustia, no nos conduce a ninguna parte. En lugar de preguntarnos quiénes somos, qué queremos, por qué tomamos tal decisión, podemos mirar el mundo. El objeto es la «duración», según Husserl en *Lecciones de fenomenología de la conciencia interna del tiempo*, y esta duración nos permite encontrar el hilo de continuidad que necesitamos cuando nos sentimos perdidos. Nuestra percepción es entrecortada: si miro «un pedazo de tiza» y parpadeo, veo ese pedazo de tiza dos veces, pero la tiza es la misma. Lo que causa la discontinuidad no es el objeto, sino la percepción.

¿Podría suceder lo mismo con el corazón? ¿Es posible que nos sintamos perdidos solo porque nos estamos examinando de una forma discontinua? Cuando actúo en el día a día, no estoy en mí mismo sino vuelto hacia el mundo. Sin embargo, en momentos de vértigo, de repente empiezo a mirar lo que no sabía que estaba haciendo. Descubrimos un yo y podemos sentirnos perdidos, no porque este yo haya cambiado, sino porque no lo teníamos frente a nosotros cuando estábamos en el mundo. La sensación de extrañeza que tenemos al redescubrir nuestro yo interior podría provenir del hecho de que, durante mucho tiempo, solo nos hemos centrado en mirar el mundo. Tal vez, para que el vértigo no fuese tan intenso, podríamos recordar que no estamos examinando constantemente nuestro yo interior, y también que no debemos dejarlo desatendido durante mucho tiempo, a riesgo de ser sorprendidos por la continuidad de este corazón frente a la discontinuidad de nuestra percepción. En realidad, podemos sentirnos perdidos no porque no sepamos lo que dice nuestro corazón, sino porque es idéntico a lo que siempre ha sido.

¿CÓMO SABEMOS SI SOMOS MORALES?

Cuando tomamos una decisión difícil y nos aseguramos de que la elección que hicimos fue conforme a la moral, puede asaltarnos una duda: ¿no actuamos, en realidad, según nuestros propios intereses, escondiéndonos detrás de buenas intenciones que solo estaban ahí para no hacernos sentir culpables?

En teoría, el problema no debería ser tan difícil de resolver: si actuamos a la vez de acuerdo con el bien pero en contra de nuestros intereses, no podemos sospechar que estamos siendo inmorales. Pero ¿cómo podemos saber que no tenemos un interés indirecto en la acción que emprendemos? Si hospedamos a una persona sin hogar, pero nos jactamos de ello ante nuestros amigos, ¿podemos considerarnos personas morales? Para determinar si una acción es moral, según Immanuel Kant en *Fundamentos de la metafísica de las costumbres*, hay que preguntarse qué la motivó: si tras haber realizado lo que llamaríamos una buena acción nos arrepentimos del tiempo empleado en llevarla a cabo, del dinero gastado en ella y nos preguntamos «¿por qué lo hice?», es probable que esta acción no tuviera otra motivación que el deber o la moralidad. En cambio, en cuanto nos damos cuenta de que nuestro interés coincide con la opción elegida, debemos desconfiar.

> La vida moral, en este sentido, más que algo que se apaga entre la existencia de elecciones morales explícitas, es algo que avanza sin cesar. Lo que ocurre entre esas elecciones es, de hecho, lo que es crucial.
>
> IRIS MURDOCH, *LA SOBERANÍA DEL BIEN*, 1970

Sin embargo, ¿realmente podemos determinar a partir de nuestras intenciones si somos morales o no? ¿Pasamos de lo «moral» a lo «inmoral» dependiendo de las decisiones que tomamos? Según Iris Murdoch en *La soberanía del bien*, la filosofía moral debe tener en cuenta la posible progresión hacia la moralidad. Un individuo puede llegar a ser cada vez más virtuoso, no hay discontinuidad en la moralidad, no hay un salto que, por una sola decisión, nos coloque de un lado o del otro. Por tanto, no es posible decidir: podemos ser más morales en algunos ámbitos de nuestra vida que en otros, sin que se nos llame individuos inmorales. Lo importante es más bien preguntarse cómo dirigir este desarrollo dentro de uno mismo, para tender en la medida de lo posible hacia el bien.

A Iris Murdoch le interesa particularmente la oración a Dios como una forma de ser mejor, y se pregunta cómo podrían encontrarse las virtudes de tal hábito en una vida pagana. Según ella, hay muchas prácticas que pueden conducirnos al bien: aprender lenguas extranjeras, por ejemplo, nos vuelve más humildes. Familiarizarnos con la contemplación de la belleza de la naturaleza o del arte también podría permitir acercarnos al bien. A través de la práctica, podemos desarrollar nuestras virtudes. El hábito que adquirimos de interesarnos por algo superior a nosotros mismos, de respetar un orden que no hemos elegido —como la gramática de una lengua que estamos estudiando— nos hace más virtuosos. En lugar de tratar de tomar una decisión radical sobre si estamos del lado de la moralidad o de la inmoralidad, podemos desafiar esta oposición estricta y tomar decisiones que nos lleven a ser cada vez más morales. No se determina *a priori* y para siempre si un individuo es moral o no. Así, para volvernos más morales, podemos practicar el descentramiento de nosotros mismos, adquiriendo el hábito de inclinarnos ante algo más grande que nosotros, el soberano del bien.

¿NOS IMPIDEN LOS DEMÁS SER NOSOTROS MISMOS?

«Tómate un tiempo para ti mismo»: este es el consejo que nos dan después de una ruptura, o cuando estamos agotados por el trabajo. Se nos aconseja que nos alejemos de las llamadas personas «dañinas», que limitemos las relaciones sociales que nos impedirían, si están demasiado presentes, ser «verdaderamente» nosotros mismos. Pero ¿debemos buscar nuestra identidad dentro de nosotros mismos? ¿Son los demás un obstáculo para la plena expresión de quiénes somos?

Cuando nos retiramos de la vida social para «ver más claro» entre nuestros deseos, cuando pensamos que nos hemos perdido a nosotros mismos por culpa de los demás, imaginamos que hubo un tiempo pasado en el que nos conocíamos. Se supone que podemos perdernos de vista a nosotros mismos si estamos demasiado absortos en el trabajo, en las obligaciones sociales, en las expectativas de nuestros seres queridos. Podemos creer que, como estamos tan a menudo en compañía de otras personas, ya no sabemos quiénes somos. Imaginamos que hay una tensión entre nuestra identidad y la de los demás: cuanto más espacio ocupan en mí, menos puedo expresar mi propia personalidad, hasta el punto de arriesgarme a perderla. Entonces decidimos distanciarnos de los demás con la esperanza de poder encontrar, estando solos, nuestros propios deseos.

> **En cuanto el sujeto se trata de afirmar, el Otro que lo limita y lo niega pasa a serle necesario: solo se puede alcanzar a través de esta realidad que no es. Por esta razón, la vida del hombre nunca es plenitud y reposo, es carencia y movimiento, es una lucha. Frente a sí, el hombre tiene a la Naturaleza; tiene medios para actuar sobre ella, trata de apropiársela. Sin embargo, no la puede colmar. O bien solo se realiza como una oposición puramente abstracta, es obstáculo y permanece ajena, o bien sufre pasivamente el deseo del hombre y se deja asimilar por él; solo la posee consumiéndola, es decir, destruyéndola.**
>
> SIMONE DE BEAUVOIR, *EL SEGUNDO SEXO*, 1949

En realidad, no es en la soledad donde encontramos nuestra identidad, nuestra conciencia necesita de la alteridad para reconocerse. Si creemos que podemos hallar esa alteridad en la naturaleza, nos equivocamos. Como escribe Simone de Beauvoir en *El segundo sexo*, la naturaleza es una «oposición puramente abstracta», solo puede resistir o ceder, pero nunca oponerse a nosotros como una conciencia que pretende ser «el único sujeto soberano». La otra es la condición para la autoconciencia, para el descubrimiento de nuestra identidad, pero en el mismo momento en que el otro nos permite definir esta identidad, la desafía. Esto es lo que Simone de Beauvoir describe como la «tragedia de la conciencia infeliz».

La tentación de retirarse del mundo para descubrir la propia identidad, desligado de cualquier influencia ajena —sin saber qué significa realmente el término «influencia»—, es ilusoria. Al mismo tiempo que nos impide desplegar nuestra conciencia libre, oponiéndose a la mía, el otro me la hace consciente. Así, en el psicoanálisis, por ejemplo, el terapeuta desempeña el papel de ese otro al que hablamos, aunque no responda a nuestras palabras. Precisamente porque es un extraño, porque no está dentro de nuestra conciencia, este interlocutor nos da la posibilidad de encontrar, en el lenguaje, quiénes somos y cuál es el origen de nuestra angustia.

¿TIENE EL CORAZÓN RAZONES QUE LA RAZÓN IGNORA?

Cuando confieso que siento algo por alguien que no esperaba, se puede afirmar que el corazón tiene razones que la razón ignora. Es una forma de decirnos que no intentemos entender a nuestro corazón, porque no sigue la lógica de la que disponemos, la de la razón. Nos decimos que nuestro corazón hace lo que quiere y nos quejamos por ello: ¿Por qué no está sujeto a las mismas leyes que la razón? ¿Por qué tenemos que soportar sus inestabilidades, que parecen obstaculizar nuestro pleno desarrollo?

En lugar de preguntarnos cuáles son las razones del corazón o de intentar juzgar la legitimidad de estas razones, podríamos retomar la idea de que debemos remontarnos necesariamente a las razones de cualquier acción, deseo o inclinación. Lo que nos molesta cuando el corazón nos indica una dirección que no hemos elegido, tal vez no sea tanto que desaprobemos el camino hacia el que nos lleva, sino que desconocemos la razón.

> Cuando no se sabe la verdad de una cosa, es bueno que haya un error común que fije el espíritu de los hombres; como, por ejemplo, la luna, a la cual se atribuye el paso de las estaciones, el progreso de las enfermedades, etc. Porque la enfermedad principal del hombre es la curiosidad inquieta hacia las cosas que no puede saber y no es tan malo para él estar en el error cuanto esta curiosidad es inútil.
>
> BLAISE PASCAL, *PENSAMIENTOS*, 1670

Según Pascal, la curiosidad podría ser un mal mayor que el «error», pues este, al menos, tiene el mérito de hacernos callar. Decir que el corazón tiene razones que la razón ignora es sostener que no debemos tratar de comprenderlo todo; incluso lo que nos es más íntimo puede escapársenos. Cuando averiguamos las razones del corazón, imponemos en él el funcionamiento de la razón, imaginamos que hay causas a las que podemos remontarnos para comprender plenamente nuestras propias acciones. Pero estas «razones» que son propias del corazón no son causas ordinarias, si, por ejemplo, tenemos fe en Dios, si creemos que hay vida después de la muerte, no podemos preguntar al corazón cuál es la causa de estas creencias y asegurarnos de que es razonable. No lo es, es un asunto del corazón que obedece a otro régimen de causalidad.

No todo en nosotros está cubierto por la razón. Si es la razón la que debemos utilizar en el trabajo y en nuestras interacciones cotidianas para tener una actitud previsible y compatible con la de los demás, no es la única que nos rige. A veces tomamos una decisión sincera y, cuando sucede, no podemos determinar su causa o validez. Cuando el corazón habla, se puede elegir seguirlo o huir de él, pero esta elección nunca podrá verse iluminada por la búsqueda de las razones del corazón. Sería, según Pascal, como mostrar una «curiosidad inútil», que es la «principal enfermedad del hombre». En otras palabras, debemos abstenernos de exigir al corazón razones que no puede darnos.

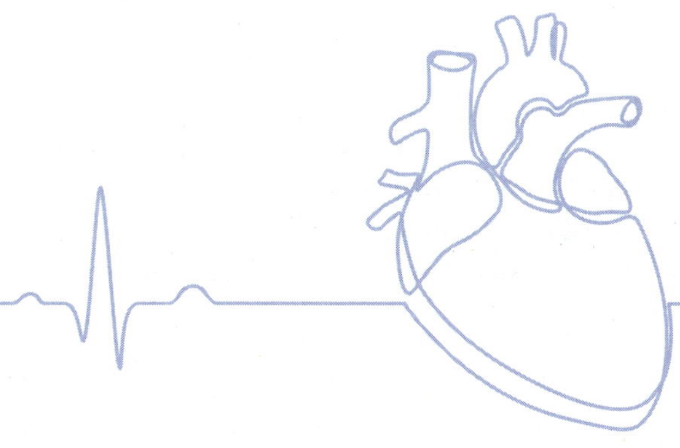

¿TENEMOS QUE LUCHAR CONTRA NUESTROS MIEDOS?

Cuando los niños nos confían sus miedos, la mayoría de las veces tratamos de mostrarles que aquello que temen no es tan malo. Esperamos que logren deshacerse de sus temores, porque les daría vergüenza conservarlos hasta la edad adulta. De mayores, gracias a la razón, conseguimos tranquilizarnos. Si tenemos miedo de que alguien entre en casa mientras dormimos, para reducir este temor podemos visualizarnos cerrando la puerta con llave y diciéndonos que el intruso también tiene que atravesar la puerta del edificio. Podemos tranquilizarnos recordando que, puestos a elegir, probablemente haya apartamentos más interesantes que el nuestro para robar. ¿Podemos resistir el impulso de razonar con nosotros mismos? ¿Tenemos que luchar contra nuestros miedos?

Existe el miedo a un objeto específico, por ejemplo, a las arañas, y la ansiedad, que es un miedo sin objeto. A lo primero, respondemos con argumentos racionales con la esperanza de superarlo: «¿Cómo puedes tener miedo en un avión? ¡Es el medio de transporte más seguro del mundo!». Pero no hay respuestas tranquilizadoras para la ansiedad. No se puede cuantificarla, es un estado de agitación del alma.

> **¿No está el clamor, quizá, mezclado con una secreta ansiedad que tenemos por la naturaleza? Pues su armonía procedió del caos salvaje, su seguridad de la desdicha de los elementos. Y es precisamente esta especie de aprensión lo que nos mantiene atados y unidos. Lo mismo debe ocurrir en el amor para que tenga valor: es una flor que nace de una noche profunda y espantosa.**
>
> SØREN KIERKEGAARD, *DIARIO DE UN SEDUCTOR,* 1843

¿Qué pasaría si, al luchar contra nuestros miedos por vergüenza a no saber controlarnos, perdiéramos la oportunidad de amar? En el *Diario de un seductor,* el autor de las cartas a Cordelia se pregunta si no son el miedo y la angustia los que alimentan el amor. Para que nuestros miedos fuesen bellos, tendríamos que tomar «conciencia de la energía que [los] domina»: ¿acaso cuando tenemos miedo, no sentimos el poder de nuestro cuerpo, sus reflejos y la intensidad de la química que acoge? A menudo decimos que el vértigo es el miedo al vacío, pero este miedo no se expresa precisamente por repulsión, sino por atracción. El vértigo es la atracción por el vacío, el deseo de saltar, el miedo a descubrir una fuerza dentro de uno mismo que nos sobrepasa y nos empuja a lanzarnos al vacío.

Al responder siempre a nuestros miedos con la razón, con cifras, con refutaciones fácticas, corremos el riesgo de hacer desaparecer solo algunos de ellos y quedarnos con los demás. ¿Qué pasaría si consideráramos los miedos como una energía interior que debemos expresar para darnos la oportunidad de descubrir lo que esconde? Si estamos acostumbrados a tranquilizar a los niños desde pequeños para que se deshagan de miedos que nos parecen triviales, ¿no insisten estos mismos niños, cuando les leemos cuentos, que quieren escuchar uno que dé miedo de verdad? Podríamos tomar ejemplo de ellos para redescubrir el gusto por el miedo, del que siempre tendemos a huir. Jugar a tener miedo, negarse a dejar que el miedo sea un asunto serio podría ser la mejor manera de que el miedo no nos impidiese hacer las cosas.

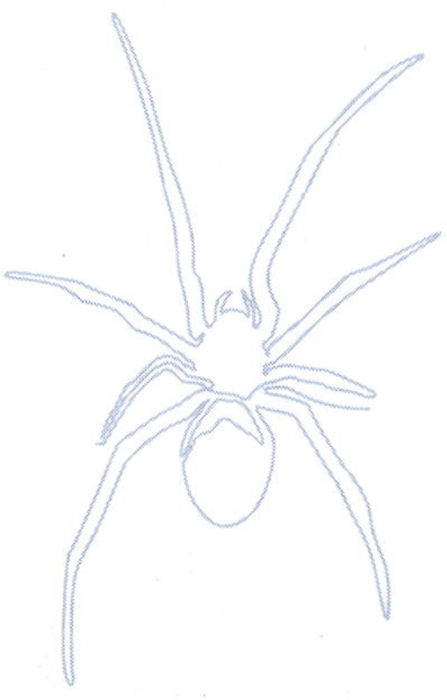

¿QUÉ SENTIDO TIENE?

¿Por qué escribir este libro? ¿De qué sirve leerlo? ¿Por qué tener hijos? ¿Qué sentido tiene cambiar de trabajo? ¿Y continuar en él? Cuando dejamos el ajetreo y el bullicio del mundo por un tiempo es posible que nos falte la energía para volver. ¿Qué haríamos entre otras personas? Su compañía nos consolaría. Pero, aun así, tenemos que querer que nos consuelen. Y en el silencio de estar solos podemos preguntarnos «¿para qué?». Este «¿qué sentido tiene?» no es realmente una pregunta, no esperamos una respuesta, un remedio. Nos hacemos esta pregunta, pero no esperamos que alguien nos dé razones para vivir o para esperar algo mejor de lo que tenemos.

Para no tener que preguntarnos nunca «¿qué sentido tiene?», podemos encontrar una razón última para vivir: involucrarnos en política, formar una familia, buscar una cura para el cáncer. Pero si rechazamos las ideologías, si no logramos definirnos como ecologistas, feministas, realistas, comunistas, si encontramos absurdo cualquier entusiasmo popular por una causa, aunque nos parezca noble, ¿estamos condenados a una vida de pasividad y desesperación? ¿Podemos encontrar el valor para vivir sin esperar nada de la vida? Si «¿qué sentido tiene?» no es una pregunta, si no hay más razón para seguir que para detenerse, ¿cómo podemos explicar que una mañana acabemos aceptando la compañía de los demás, dejando atrás la soledad, la desesperación y la certeza de que todo no es más que vanidad?

> La filosofía, tal y como yo la he entendido y vivido hasta ahora, es vida voluntaria en el hielo y en las altas montañas —búsqueda de todo lo extraño y problemático en el existir, de todo lo proscrito hasta ahora por la moral—.
>
> FRIEDRICH NIETZSCHE, *ECCE HOMO,* 1888

¿Qué pasaría si, en lugar de buscar consuelo, tratando de responder a la obligación apremiante de encontrar razones, consideráramos este «¿qué sentido tiene?» como una oportunidad de empezar a practicar la filosofía? En lugar de hacer una lista de las cosas que valen la pena en el mundo, podríamos comenzar nuestro ascenso a «los picos», a «los hielos», a la cumbre de la montaña más hostil e inhabitable: la de la filosofía. No se trata de aislarse de la vida cotidiana y encerrarse en una biblioteca entre libros polvorientos. Lo citábamos al principio de esta obra: «Cuando se mira en torno, siempre se topa con hombres que toda su vida han comido huevos sin advertir que los alargados son los más sabrosos»*. Tal vez, cuando tratamos de librarnos de los objetos cotidianos por considerarlos de poco interés, cuando buscamos objetos más nobles, intereses más elevados que podrían justificar la vida humana, nos condenamos a ver solo lo absurdo. ¿Por qué solo nos interesan las cosas que nos han dicho que son dignas de estudio? ¿Acaso no tenemos ojos para maravillarnos con la forma de una cáscara de huevo? ¿Qué sentido tiene?

Comer, hacer el amor, dormir hasta que el sol haya pasado su ecuador. Contemplar la tormenta desde una habitación calentita. Oler un perfume en la calle, oler el mismo perfume en una cocina, perseguirlo en el bosque. Es el mismo y no es el mismo. Es en vano. ¿Qué sentido tiene esperar de él algo más que ese olor?

* Friedrich Nietzsche, *El viajero y su sombra*, trad. de Alfredo Brotons, Gredos, Madrid, 2014.

BIBLIOGRAFÍA

EL APARTAMENTO

LA ENTRADA

¿Hay que deshacerse de las cosas inútiles?

HENRI BERGSON, «Conferencia de Madrid sobre el alma humana», en *El alma humana,* trad. de Manuel García Morente, Biblioteca España, Madrid, 1916.

¿Por qué nos atrae el cambio?

HERÁCLITO, *Fragmentos presocráticos,* ed. bilingüe y trad. de Alberto Bernabé, Abada, Madrid, 1985.

¿Cómo ve el mundo nuestro perro?

THOMAS NAGEL, «¿Qué se siente al ser un murciélago?», *La muerte en cuestión. Ensayos sobre la vida humana,* trad. de Carlos Valdés, Fondo de Cultura Económica, Ciudad de México, 1981.

¿Por qué celebramos la llegada del Año Nuevo?

MIRCEA ELIADE, *Lo sagrado y lo profano,* trad. de Luis Gil, Guadarrama/Punto Omega, Madrid, 1984.

¿Son cíclicas nuestras vidas?

FRIEDRICH NIETZSCHE, *Así habló Zaratustra*, trad. de Andrés Sánchez Pascual, Alianza, Madrid, 2011.

EL SALÓN

¿Cómo reconocer a un amigo de verdad?

ARISTÓTELES, *Ética Nicomáquea*, libro VIII, trad. de Julio Pallí Bonet, Gredos, Madrid, 1985.

¿Internet nos hace estar menos solos?

SHERRY TURKLE, *Alone Together. Why We Expect More from Technology and Less from Each Other*, Basic Books, Nueva York, 2011.

¿Es posible ser lo suficientemente rico?

PLATÓN, *Gorgias*, *Diálogos*, vol. II, frag. 494, trad. de Jorge Calonge Ruiz, Gredos, Madrid, 1983.

¿Damos regalos para recibirlos?

MARCEL MAUSS, *Ensayo sobre el don: forma y función del intercambio en las sociedades arcaicas*, trad. de Julia Bucci, Katz, Madrid, 2010.

¿Qué tiene de aterrador el aburrimiento?

WALTER BENJAMIN, *El narrador*, trad. de Pablo Oyarzún, Metales Pesados, Santiago de Chile, 2016.

¿Estamos condenados a la nostalgia de la infancia?

FRIEDRICH NIETZSCHE, *Así habló Zaratustra*, trad. de Andrés Sánchez Pascual, Alianza, Madrid, 2011.

LA COCINA

¿Deberíamos «disfrutar» la vida a toda costa?

EPICURO, *Carta a Meneceo*, ed. bilingüe y trad. de Pablo Oyarzún, Ediciones Tácitas, Santiago de Chile, 2012.

¿Deberíamos cultivar el gusto por la novedad?

MICHEL DE MONTAIGNE, *Los ensayos*, libro II, cap. 1, ed. y trad. de J. Bayod Brau, Acantilado, Barcelona, 2007.

¿Hay que querer a la familia?

Claude Lévi-Strauss, *Las estructuras elementales del parentesco,* trad. de Marie Therèse Cevasco, Paidós, Barcelona, 1981.

¿Cómo imponer límites a nuestros hijos?

Jean-Jacques Rousseau, *Emilio o de la Educación,* libro II, trad. de Mauro Armiño, Alianza, Madrid, 2011.

¿Están las máquinas a nuestro servicio?

Gilbert Simondon, *El modo de existencia de los objetos técnicos,* trad. de Margarita Martínez y Pablo Rodríguez, Prometeo, Buenos Aires, 2008.

EL DORMITORIO

¿Realmente puedo expresar lo que siento?

Ludwig Wittgenstein, *Investigaciones filosóficas,* trad. de Jesús Padilla, Trotta, Madrid, 1981.

¿Son justificables algunas mentiras?

Immanuel Kant, *¿Hay derecho a mentir?,* trad. de Manuel García Morente y otros, Tecnos, Madrid, 2021.

¿Es la pareja una institución obsoleta?

Platón, *El banquete,* trad. de Mario Martínez Hernández, Gredos, Madrid, 1988.

¿Podemos huir de los celos?

Baruch Spinoza, *Ética demostrada según el orden geométrico,* 3.ª parte, proposición 35, ed. y trad. de Atilano Domínguez, Trotta, Madrid, 2000.

¿Desear a alguien presupone cosificarlo?

Maurice Merleau-Ponty, *Fenomenología de la percepción,* cap. «El cuerpo como ser sexuado», trad. de Jem Cabanes, Península, Madrid, 1994.

¿Por qué hablamos tanto para no decir nada?

Plutarco, «Sobre la charla», *Obras morales y de costumbres (Moralia),* t. IV, trad. de Francisco Martín García, Gredos, Madrid, 1984.

¿Somos capaces de perdonar?

VLADÍMIR JANKÉLÉVITCH, *El perdón,* cap. II, trad. de Núñez del Rincón, Seix Barral, Barcelona, 1999.

¿Qué hacer cuando no se puede dormir?

EMMANUEL LEVINAS, *De la existencia al existente,* trad. de Patricio Peñalver, Arena, Madrid, 2000.

EL MUNDO EXTERIOR

EL TRANSPORTE

¿Por qué la espera siempre dura demasiado?

ROLAND BARTHES, *Fragmentos de un discurso amoroso,* cap. «La espera», trad. de Eduardo Lucio Molina, Siglo XXI, Buenos Aires, 2001.

¿Deberíamos hacer una sola cosa a la vez?

SÉNECA, *Epístolas morales a Lucilio,* trad. de Ismael Roca, Gredos, Madrid, 1986.

¿Por qué escuchamos las conversaciones de los demás?

SIMONE WEIL, *A la espera de Dios,* «Reflexiones sobre el buen uso de los estudios escolares como medio de cultivar el amor a Dios», trad. de Agustín López y María Tabuyo, Trotta, Madrid, 2024.

¿La vigilancia puede librarnos de la necesidad de castigar?

JEREMY BENTHAM, *Panóptico,* cap. «Ventajas esenciales del Panóptico», trad. de David Cruz, Círculo de Bellas Artes, Madrid, 2011.

¿Por qué nos volvemos tan dependientes de la tecnología?

HANS JONAS, *El principio de responsabilidad. Ensayo de una ética para la civilización tecnológica,* trad. de Javier María Fernández Retenaga, Herder, Madrid, 1995.

¿Por qué tenemos la sensación de llegar siempre tarde?

HARTMUT ROSA, *Alienación y aceleración. Hacia una teoría crítica de la temporalidad en la modernidad,* trad. del Centro de Investigaciones Interdisciplinarias en Ciencias y Humanidades, Universidad Nacional Autónoma de México, Barpal, Ciudad de México, 2016.

LA OFICINA

¿Qué significa tener éxito en la vida?

MARCO AURELIO, *Meditaciones*, libro V, frag. 33, trad. de Ramón Bach Pellicer, Gredos, Madrid, 2019.

¿El dinero no es más que un medio?

GEORG SIMMEL, *Filosofía del dinero*, cap. «El dinero en los órdenes teleológicos», trad. de Ramón García Cotarelo, Capitán Swing, Madrid, 2013.

¿Es deseable ser otra persona en el trabajo?

SIMONE WEIL, *La condición obrera*, cap. «Una llamada a los obreros de Rosières», trad. de Ariel Dilon, José Herrera y Antonio Jutglar, El Cuenco de Plata, Buenos Aires, 2010.

¿Qué les reprochamos a nuestros compañeros de trabajo?

ARTHUR SCHOPENHAUER, *Parerga y Paralipómena*, cap. 31, trad. de Pilar López de Santamaría, Trotta, Madrid, 2023.

¿Por qué tenemos tanto apego a la oficina, incluso cuando ya no vamos por allí?

MARÍA ZAMBRANO, *El sueño creador*, cap. «Los sueños y el tiempo», Alianza, Madrid, 2023.

¿Seríamos más felices sin trabajar?

KARL MARX, *Manuscritos de filosofía y economía*, trad. de Francisco Rubio Llorente, Alianza, Madrid, 2013.

EL ESPACIO PÚBLICO

¿Existe una opinión pública?

PIERRE BOURDIEU, «La opinión pública no existe», conferencia de 1972, *Cuestiones de sociología*, trad. de Enrique Martín Criado, Istmo, Madrid, 2000.

¿Por qué es tan difícil preocuparse por la ecología?

ARNE NÆSS «The shallow and the deep, long-rage ecology movement. A summary», *Inquiry*, vol. 16, 1973, págs. 95-100.

¿Deberíamos escuchar al artista hablar de su obra?

JOHANN WOLFGANG VON GOETHE, *Máximas y reflexiones*, trad. de Juan José del Solar, Edhasa, Barcelona, 2021.

¿El poder nos hace necesariamente inmorales?

MONTESQUIEU, *Del espíritu de las leyes*, trad. de Mercedes Blázquez y Pedro Vega, Alianza, Madrid, 2015.

¿El éxito comienza con la pretensión?

FRIEDRICH NIETZSCHE, *Ecce homo*, trad. de Andrés Sánchez Pascual, Alianza, Madrid, 2005.

¿Necesitamos a Dios para querer ser buenos?

SIGMUND FREUD, *El porvenir de una ilusión*, cap. 8, trad. de Luis López-Ballesteros, Taurus, Madrid, 2012.

¿Somos responsables del futuro?

HANS JONAS, *El principio de responsabilidad. Ensayo de una ética para la civilización tecnológica*, trad. de Javier María Fernández Retenaga, Herder, Madrid, 1995.

EL OCIO

¿Qué buscamos en los viajes?

EMMANUEL LEVINAS, *De la existencia al existente*, trad. de Patricio Peñalver, Arena, Madrid, 2000.

¿Deberíamos dejar de sacar fotografías?

ITALO CALVINO, «La aventura del fotógrafo», *Los amores difíciles*, trad. de Aurora Bernárdez, RBA, Barcelona, 1955.

¿Deberíamos educar el gusto?

DAVID HUME, *La norma del gusto y otros escritos sobre estética*, trad. de María Teresa Beriguistáin, Museu Valencia de la Ilustració i de la Modernitat, Valencia, 2008.

¿El consumismo está pasado de moda?

GILLES LIPOVETSKY, *La consagración de la autenticidad*, trad. de Cristina Zelich, Anagrama, Barcelona, 2024.

¿Deberíamos renunciar al entretenimiento?

BLAISE PASCAL, *Pensamientos*, trad. de Gabriel Albiac, Tecnos, Madrid, 2019.

EL HOSPITAL

¿Es posible ser normal?

Georges Canguilhem, *Lo normal y lo patológico*, tesis doctoral (1943), publicada en 1972, trad. de Ricardo Postchart, Siglo XXI, Madrid, 2005.

¿Es la vejez una enfermedad?

Cicerón, «Sobre la vejez», *Discursos*, vol. II, trad. de José María Requejo Prieto, Gredos, Madrid, 2002.

¿Somos conejillos de Indias para los médicos?

Georges Canguilhem, «El estatuto epistemológico de la medicina», en *Escritos sobre la medicina*, trad. de Irene Agoff, Amorrortu, Buenos Aires, 2004.

¿Cómo afrontar el duelo?

Séneca, *Epístolas morales a Lucilio*, trad. de Ismael Roca, Gredos, Madrid, 1986.

¿Cómo podemos perder el miedo a la muerte?

Jean-Jacques Rousseau, *Emilio o de la Educación*, libro I, trad. de Mauro Armiño, Alianza, Madrid, 2011.

EL MUNDO INTERIOR

EL CUERPO

¿Somos nuestro cuerpo?

René Descartes, *Discurso del método. Meditaciones metafísicas*, trad. de Manuel García Morente, Austral, Barcelona, 2010.

¿Podemos confiar en nuestros sentidos?

Platón, *República*, libro VII, trad. de Conrado Eggers, Gredos, Madrid, 1988.

¿Estamos en lo cierto al decir que el tiempo pasa?

Maurice Merleau-Ponty, *Fenomenología de la percepción*, cap. «La temporalidad», trad. de Jem Cabanes, Península, Madrid, 1994.

¿Tenemos que querernos a nosotros mismos para poder querer a los demás?

JEAN-JACQUES ROUSSEAU, *Discurso sobre el origen y los fundamentos de la desigualdad entre los hombres*, trad. de Ángel Pumarega, Biblioteca Virtual Miguel de Cervantes, 1999.

¿Es mejor comprobarlo todo o confiar?

LUDWIG WITTGENSTEIN, *Sobre la certeza*, trad. de Josep Lluís Prades y Vicent Raga, Gredos, Madrid, 2009.

¿Debemos soñar con la inmortalidad?

SØREN KIERKEGAARD, *Discursos edificantes. Tres discursos para ocasiones supuestas*, trad. de Darío González, Trotta, Madrid, 2010.

LA CABEZA

¿Qué podemos aprender de nosotros mismos?

MICHEL DE MONTAIGNE, *Los ensayos*, libro III, cap. 13, ed. y trad. de J. Bayod Brau, Acantilado, Barcelona, 2007.

¿Cómo saber si estamos locos?

ERASMO, *Elogio de la locura*, trad. de Pedro Rodríguez Santidrián, Alianza, Madrid, 2011.

¿Por qué creemos en las supersticiones?

BARUCH SPINOZA, *Tratado teológico-político*, trad. de Atilano Domínguez Basali, Alianza, Madrid, 2014.

¿Por qué no toleramos nuestra ignorancia del futuro?

JOSÉ ORTEGA Y GASSET, *¿Qué es filosofía?*, Alianza, Madrid, 2015.

¿Somos responsables solo de lo que queremos?

ELIZABETH ANSCOMBE, *La intención*, trad. de Ana Isabel Estellino, Paidós, Barcelona, 1991.

EL CORAZÓN

¿Qué hacer cuando nos sentimos perdidos?

EDMUND HUSSERL, *Lecciones de fenomenología de la conciencia interna del tiempo*, «Introducción», trad. de Agustín Serrano de Haro, Trotta, Madrid, 2002.

¿Cómo sabemos si somos morales?

IRIS MURDOCH, *La soberanía del bien*, trad. de Andreu Jaume, Taurus, Barcelona, 2019.

¿Nos impiden los demás ser nosotros mismos?

SIMONE DE BEAUVOIR, *El segundo sexo*, t. I, parte III, cap. I, trad. de Alicia Martorell, Cátedra, Madrid, 2015.

¿Tiene el corazón razones que la razón ignora?

BLAISE PASCAL, *Pensamientos*, trad. de Gabriel Albiac, Tecnos, Madrid, 2019.

¿Tenemos que luchar contra nuestros miedos?

SØREN KIERKEGAARD, *Diario de un seductor*, trad. de Demetrio Gutiérrez Rivero, Alianza, Madrid, 2014.

¿Qué sentido tiene?

FRIEDRICH NIETZSCHE, *Ecce homo*, trad. de Andrés Sánchez Pascual, Alianza, Madrid, 2005.

ÍNDICE ONOMÁSTICO